守道著

許翔智

基督的門徒

原著：江守道
翻譯：許櫚
出版：美國活泉出版社
P. O. Box 1003, Monterey Park, Ca 91754 U. S. A.
總代理：基道書樓 有限公司
香港九龍界限街148號地下/電話：3-387102
總經銷：
台灣地區——
台北見證書室
台北市瑞安街222巷1號/電話：(02)707-7459
美洲地區——
美國見證書室
Testimony Book Room
P. O. Box 443, Culver City, Ca 90230 U. S. A.
電話：(213)202-8776
設計製作：基道書樓製作部
一九八三年十二月初版
ISBN 0-941598-13-6

Discipled To Christ

by Stephen Kaung
Translated by Lily Hsu
Published by Living Spring Publications
P.O. Box 1003, Monterey Park, Ca. 91754 U.S.A.
Sole Agent and Production: Logos Book House Ltd.
148 Boundary St., G/F., Kln., Hong Kong. Tel: 3-387102
Distributors:
(1) Testimony Book Room
1, Lane 222, Rei-an St., Taipei, Taiwan, R.O.C.
(2) Testimony Book Room
P.O. Box 443, Culver City, Ca. 90230 U.S.A.
English Edition © by Christian Fellowship Publications
1st Chinese Edition, Dec. 1983
© 1983 by Living Spring Publications
ISBN 0-941598-13-6

目錄

目录

中文版前言

作門徒的呼召是對在基督裡所有的信徒而發的。主對那些屬於祂的人之吩咐是：「來跟從我！」祂要按照自己的形像重新塑造我們，又要按照自己的旨意使用我們。惟有回應這個呼召，我們才能完成神所預先命定的目標。

為了幫助讀者明白作基督門徒這個重要的題目，作者從彼得一生中的幾個事件，說明作門徒的三個重要部份，即：作門徒的呼召、條件、和安慰。全書內容滿有恩典的亮光，滿有靈裡的激勵。

本書內容原是作者在美國康涅狄格州一次青年夏令會中釋放的信息，當時參加的青年人很得幫助。編輯成書時，又增加了許多寶貴的資料，相信讀者必可從本書的信息，得到許多的造就。

懇求施恩的主，使用本書，激勵許多人作祂的真門徒。

——編者

1
作門徒的呼召

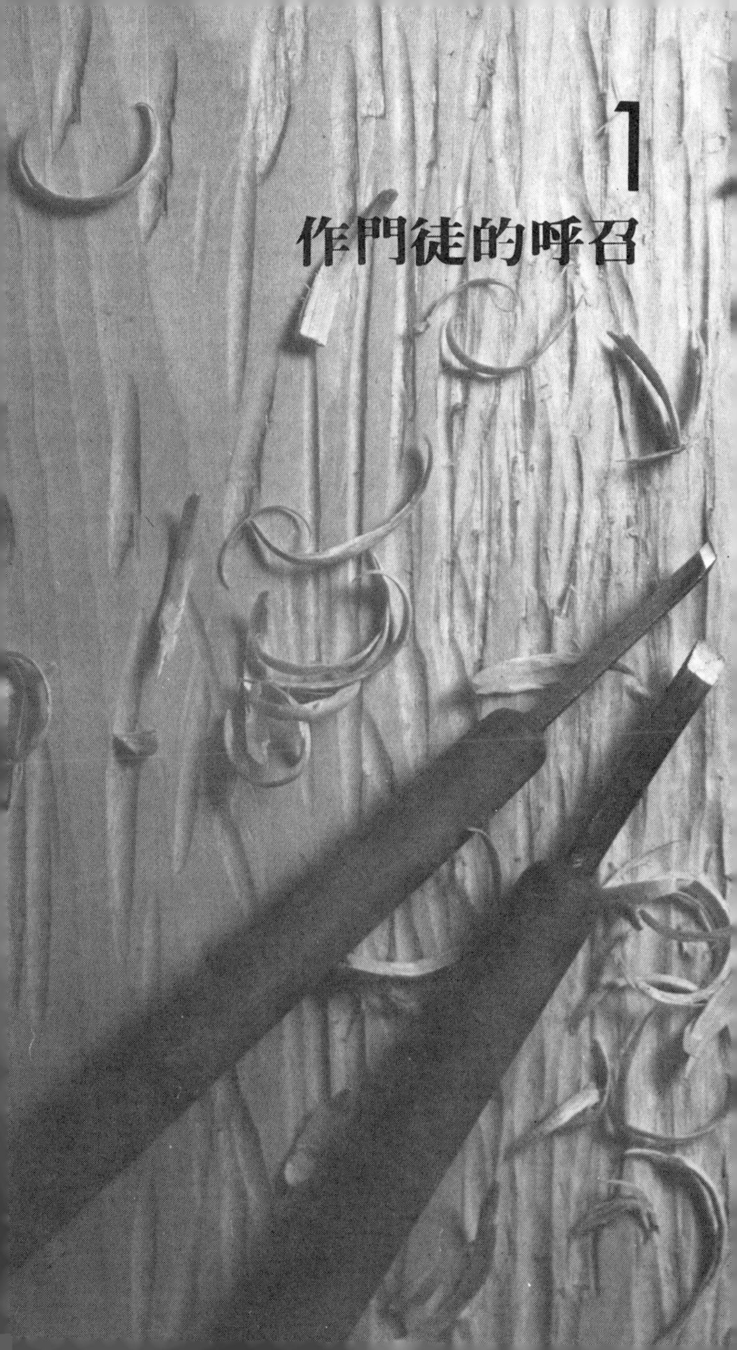

聽見約翰的話，跟從耶穌的那兩個人，一個是西門彼得的兄弟安得烈。他先找着自己的哥哥西門，對他說：「我們遇見彌賽亞了（彌賽亞繙出來就是基督）。」於是領他去見耶穌。耶穌看着他說：「你是約翰的兒子西門，你要稱為磯法。（磯法繙出來，就是彼得。）」（約一40～42）

耶穌在加利利海邊行走，看見弟兄二人，就是那稱呼彼得的西門，和他兄弟安得烈，在海裡撒網。他們本是打魚的。耶穌對他們說：「來跟從我，我要叫你們得人如得魚一樣。」他們就立刻捨了網，跟從了祂。從那裡往前走，又看見弟兄二人，就是西庇太的兒子雅各，和他兄弟約翰，同他們的父親西庇太在船上補網。耶穌就招呼他們。他們立刻捨了船，別了父親，跟從了耶穌。（太四18～22）

耶穌站在革尼撒勒湖邊，眾人擁擠祂，要聽神的道。祂見有兩隻船灣在湖邊。打魚的人卻離開船，洗網去了。有一隻船，是西門的，耶穌就上去，請他把船撐開，稍微離岸，就坐下，從船上教訓眾人。講完了，對西門說：「把船開到水深之處，下網打魚。」西門說：「夫子，我們整夜勞力，並沒有打着什麼，但依從你的話，我就下網。」他們下了網，就圈住許多魚，網險些裂開。便招呼那隻船上的同伴來幫助。他們就來把魚裝

滿了兩隻船，甚至船要沉下去。西門彼得看
見，就俯伏在耶穌膝前，說：「主呀，離開
我，我是個罪人。」他和一切同在的人，都
驚訝這一網所打的魚。他的夥伴西庇太的兒
子，雅各、約翰也是這樣。耶穌對西門說：
「不要怕，從今以後，你要得人了。」他們
把兩隻船攏了岸，就撇下所有的跟從了耶
穌。（路五1～11）

　　有人說，作門徒的呼召是針對個人的
事，因此必須由個人來回答。但是，作門徒
的呼召也是實際的，所以也必須是我們生命
親身的經歷。這樣的呼召不是一個理論，也
不是一個教理，而是我們每一個人必須在主
面前回答，必須經歷的。我們希望我們的回
答是肯定的，而不是否定的。為了幫助我們
理解作門徒的呼召是怎樣針對個人，以及是
怎樣的真實經歷，我願意簡單地從我們主耶
穌一個門徒的生平，來說明作門徒這個題
目。我認為西門彼得的生平是最好的例子。
　　西門彼得是第一批認識主中的一個，而
且他必定是第一批蒙召為門徒的人之一。在
十二個使徒中，他總是列在第一個，並且通
常他都代表其他的人發言。因此我們可以這
樣說，西門彼得是我們主耶穌的第一個門
徒。如果他真是主的第一個門徒，那麼，由
於這個事實，我們可以從他的生平學到很多

東西。換句話說，研究這個人的一生，應該可以很容易看出作門徒所牽涉到的所有原則。

×　　　　　×　　　　　×

首先，西門最初是由他兄弟安得烈帶到主面前來的。安得烈是由施洗約翰介紹給基督的。安得烈既找到主，就去找他的弟兄。找到了，他只簡單地告訴西門彼得說：「我們遇見彌賽亞了。」並且領他去見基督。就這樣，用很自然的方式，西門得救了。

×　　　　　×　　　　　×

對於西門遇到主以前的事，我們知道的不多。看來好像只在認識主耶穌後，他這個人才變得知名和重要。但西門過去的歷史，有兩件明顯的事實。首先我們知道，他是加利利伯賽大城的人（約一44）；並且他是個打魚的人。

我們知道，那時候以色列境內別處的猶太人看不起加利利人。正確地說，加利利人確實是猶太人。但從另一方面來看，住在加利利的人被那些住在耶路撒冷和猶太地的猶太人看成為是「外邦人的加利利」（太四15）。因為他們是一羣混雜不潔淨的，非正統的，不精純的和不太有教養的人。不過，我們應當注意，我們主耶穌所有十二個門徒

包括西門自己，都是加利利人。（加略人猶大或許例外，他可能是從猶太地來的。）

所以西門是一個加利利人，是粗陋不文的漁夫。雖然他的職業低微，但他有一個高尚的渴望：等候猶太人的彌賽亞到來。從外表看他是粗陋的，但他裡面是敬虔的。他天性容易衝動，坦率、進取、性急，但是他為人忠厚，誠懇，毫無做作。他被埋沒在人羣中，迷失了，直到基督到來。基督發掘了他，並且正如我們將要看到的，基督把他這塊粗石改變成為美麗珍貴的碧玉。

我們所有的人也都可以有這樣的改變。無論我們出生在什麼地方，無論我們有怎樣的個性脾氣，無論我們從事什麼職業，受過什麼訓練，無論我們的外貌是多麼不同，主能夠從人羣中把我們發掘出來，並開始在我們身上作工，直到把我們變成建造祂房屋的寶石。所以，從西門彼得身上我們能夠得到激勵。對世界來說，他一無可取，但是主卻接納他，把他塑造成耶路撒冷教會的柱石。

×　　　　　×　　　　　×

西門彼得的悔改歸主是很簡單的。很可能他曾經是施洗約翰的一個門徒，因為當時盼望以色列的安慰者到來的人都受了約翰的洗（路二25）。他為罪悔改，受了施洗約翰的洗，且正在等候即將來到的彌賽亞——就

是那位奉差遣者，神的受膏者，應驗神所應許的。換句話說，我們發現西門這個人有一顆預備好的心，是被神的靈事先所預備的，無疑地也被施洗約翰所預備的。所以每件事都預備好了。對他來說，只剩下一件事，就是要看到彌賽亞。由於安得烈簡單的見證，他就看到彌賽亞了。我們可以肯定的說，西門的兄弟安得烈是由於施洗約翰所作的見證而認識耶穌是彌賽亞的。後來安得烈急忙去找他的弟兄，自信地對他說，我們遇見彌賽亞了。結果西門就跟他去了。他看到了，他就相信了。

×　　　　×　　　　×

我相信西門很信任他的兄弟。從他一生的記錄來看，我們知道西門是一個敏捷、率直和不拘小節的人。但他的兄弟恰恰相反。安得烈是一個非常安靜的人。一個安靜的人往往是謹慎且有觀察能力的人。後一種特質在五千人得飽這件事上可以得到證明。你也許記得，有一天我們的主耶穌在曠野，沒有什麼吃的。那時候安得烈來說：「在這裡有一個孩童，帶着……」。想一想，在五千人中他竟注意到一個孩童。這正是安得烈具有的敏銳觀察力。因此我相信，西門知道自己的弱點，並且很信任他的兄弟。他在安得烈身上找到了自己所缺欠的。他能夠信任他兄

弟所發現的彌賽亞，因此他被帶到基督面前。我們能看清自己的缺欠和弱點，並且知道應如何相互依靠，往往是件好事。尤其在弟兄姊妹間，因為我們的弟兄姊妹也許能夠補足我們的缺欠。所以我以為西門的兄弟來告訴他已經遇到彌賽亞時，他心中沒有懷疑。相反地，他可能在想：「我的兄弟安得烈必定是遇見了真正的那一位。」所以他毫不猶豫地跟他去見耶穌。哦！內心預備好而又單純的人是何等的有福──他們知道並承認自己的缺欠──因為他們必很快地被充滿。

× × ×

聖經並沒有提到任何有關西門對主的反應。聖經只告訴我們，他被領去見基督。實際上因為西門是一個天生非常健談的人，我預料他見到主耶穌時，會說許許多多的話。但是奇妙得很，沒有他對主說話的任何記載，連一個字都沒有。他去見耶穌，在見到祂時，他必定把耶穌看得十分仔細。他越看越確信祂是彌賽亞。結果是西門只能夠完完全全地渴慕祂。他是那麼地興奮、專注、徹底地被這個「人」所吸引，以致於這個生性健談的人現在卻變得啞口無言。他沒有一句話可說。在這裡話語是多餘的。這是一種對彌賽亞安靜、默默無言的信賴。最多話的人

變成了啞吧。他所見到的太吸引他了。

西門用驚訝和崇敬的眼光注視着耶穌時，他整個心就信賴主了。因為在那個關鍵時刻，他得到了一個啓示：父神將祂兒子啓示給西門彼得。我們知道這是真的，因為後來彼得公開宣告他的信仰時，主對他說的話中提到了這一點。那是在幾年以後，耶穌被祂自己的百姓所拒絕時，西門在眾人面前公開承認祂是基督。那時，主告訴彼得說，他之所以認識主是基督，不是屬血肉的指示他的，乃是天上的父指示（太十六 17）。這啓示顯然不是彼得那時才得到的，相反地，彼得認識耶穌是基督可以追溯到他第一次由他兄弟領去見彌賽亞，見到主的那一霎那的經歷。西門用單純的，預備好的心接近彌賽亞時，他就得到了關於主的啓示。

事情常常是這樣的。因為神的旨意向聰明通達人就藏起來，向嬰孩就顯出來（路十21）。啓示是給單純的人，給那些依靠心靈而不是依靠頭腦的人。西門彼得接受這種啓示時，他就以滿有信心的安靜和真誠作回應。

非常簡單，不是嗎？我們若要認識神，這豈不也是我們所要走的途徑嗎？如果你有一顆預備好的心，並且盼望着人類的救主，又有一位你所信任的人介紹這位救主給你，你來見祂、察看祂；我相信，你也會同樣地

深信、信服和悔改歸主的。

×　　　　　×　　　　　×

　　我們必須注意到安得烈領西門去見的是**耶穌**。不是一個思想體系，不是一個道德行為的規範，不是一個宗教制度，而是耶穌基督。基督是救主。祂是失喪者的救贖。只要我們遇到基督並且看見祂，我們就要被拯救。因為是基督這個人在吸引人，是祂的工作在拯救人。我們曾經遇見過祂嗎？這將解決我們所有的困難，回答我們所有的問題。

　　一看耶穌，西門就知道祂真正是基督。「清心的人有福了，因為他們必得見神」（太五8）。對耶穌看一眼，就足夠使我們信服祂是真正的彌賽亞。我們見不到，是因為我們沒有清心──因為我們不要祂。我們自己天然的能力和豐富常常頑固地阻撓我們認識主。所以我要問：「你是否認識主？你是否相信祂的救贖工作？你是否相信祂在十字架上所完成的工作？」只要你以誠實的心，發出簡單的信賴，祂那完美救贖的全部價值和功勞就是屬於你的。但是如果你不是用這樣的心來到主耶穌面前，你就會發現自己很難相信祂，並且通往祂那裡的道路如此漫長、曲折，並且充滿危險。你可以走大數人掃羅的道路──他是一個最複雜的人。在被主遇見以前，他必須走一條最迂迴，最危

險的道路。掃羅必須被擊倒在地，眼睛不能
看見，才會大聲呼喊救主。但是如果你能夠
用你的心，簡單、眞誠地來到祂面前，而不
被你的頭腦誤導入歧途，那就要好得多了。
只要你來到祂面前，定睛看祂，你的問題就
解決了。你就會得着拯救。就是這麼容易，
這麼自然。我希望我們來到主面前的道路，
能夠像西門彼得那樣簡單。

✕　　　　　✕　　　　　✕

　　我們已經看到，西門對這位主仔細地上
下打量。他越注視祂，越是俯伏在祂面前。
但是我們必須注意到根據經文記載，主對彼
得也是同樣的關注。西門被領到主面前時，
聖經告訴我們，主耶穌看着他說，「你是約
翰的兒子西門，你要稱爲磯法。（磯法繙出
來，就是彼得）」（約一42）。聖經告訴我
們，主「看着」西門彼得。有趣的是這個動詞
的意思是仔細觀看。換句話說，耶穌**透徹地**
觀察了西門。

　　哦！我們的主在觀看！那透徹的眼光！
祂用**屬靈的眼光**透視西門的心地和爲人。我
們的主仔細觀察他時，祂看到，就在他生命
的那一個時刻，神的靈正在工作，「你是西
門，你要稱爲磯法——彼得。」祂見證這個
事實：因爲這個人向着基督有孩子一樣的信
心，神的靈正在他裡面作重生的工作。聖靈

在西門的靈裡面動工。主乃根據祂在自己靈裡面所見到的說這樣的話。

耶穌也用**先知的眼光**來觀看西門彼得。當祂專心注視西門時，祂看到在這個人的裡面：神不僅已經作了工，將來還要作更大的工。主說：「你是約翰的兒子西門。」意思是對彼得說你現在是一個天然的人，這是現在的你，是由你父親約翰所生的。但是主繼續說：「你要稱爲磯法」——彼得。這就是說，因爲藉着神的靈重生，你將要成爲一個新人，完全轉變爲一個新造的人。西門是什麼人？不過是約翰的兒子吧了！不過是由塵土所造的，是屬地的和普通的人。他不過是一個默默無聞一無所有的漁夫，他是否也將和世界上其餘的人一樣被埋葬？但是現在你要有一個新的名字，彼得，意思是一塊**石頭**。

這一天，一個新的因素進到這個西門裡面。他不再是一團鬆鬆的泥土，他已成爲一塊石頭。在他的靈裡有了一個不同的生命。藉着這個生命，他就有一種新的性情和新的潛能。他已成爲一塊石頭。我們現在知道這「活」石有一天要成爲新耶路撒冷城的十二根基之一。在神的心意中，他被列爲十二位使徒中的第一個（啓二十一14）。作爲十二根基的第一塊石頭，他就是碧玉（啓二十一19）。我們能不能從這裡看到進展過程？他從泥土變成一塊石頭，而這塊石頭最終將變

成一塊碧玉。什麼是碧玉？從啓示錄第四章
我們知道，約翰見到主神的榮耀就像碧玉。
想一想，像主自己的榮耀那樣的碧玉。

×　　　　×　　　　×

我們沒有一個人能知道，自己的潛能和
能力是什麼。我們沒有一個人能預見，神能
在擁有祂自己生命的人身上，實際地成就些
什麼。我們不要爲自己裡面的天然能力誇
口，它算不了什麼。因爲它實質上是一晃而
過，遲早要消失的。只要我們裡面有祂的兒
子，神就能作大事。換句話說，偉大不是在
我們裡面；偉大是在祂兒子裡面。如果我們
相信主耶穌，我們將擁有何等榮耀的未來。

×　　　　×　　　　×

我們不過是泥土，但是感謝神，來到基
督面前時，我們的生命就要變成像祂一樣。
西門自己算不得什麼，只有基督才能使他作
成各樣的事。對於我們每一個人，這也是何
等眞實！祂是那「活石」。在祂裡面，我們
也能成爲從同一座山上鑿出來的活石。許久
之後，西門彼得自己也理解到這一點，因爲
他寫道：「主乃活石。固然是被人所棄的，
卻是被神所揀選所寶貴的。你們來到主面前
也就像活石，被建造成爲靈宮，作聖潔的祭
司，藉着耶穌基督奉獻神所悅納的靈祭」
（彼前二 4～5）。

　　但是，應當注意，在這裡主並沒有告訴他，這塊石頭安放在那個地方有什麼用處。直到以後祂才講出在他生命裡作了這樣改變的目的。照馬太福音第十六章所記載的，我們看到主所賜給彼得的另一個啟示。那就是他這塊石頭將變成建造在基督耶穌這塊磐石上的卓越建築物的一部分，即使是陰間的權勢也不能勝過他。換句話說，彼得要成為建造神的教會的材料。

×　　　　　×　　　　　×

　　這就是彼得和主耶穌交往的第一個回合：他怎樣認識基督，和他怎樣藉着相信祂而變成了一塊石頭。這也是我們所有的人必須有的起點。因為若沒有生命，作門徒的呼召是不可能的。神不會呼召一個沒有屬天生命的人，來作祂的門徒。如果我們要成為祂的門徒，就必須先接受祂的生命。這根本不是外面的模仿，最重要的是裡面的改變，這就是為什麼我們思想作門徒這題目時，必須先從西門彼得的**悔改歸主**開始。惟有在西門裡面注入了屬天的生命，才有作門徒的可能性。

×　　　　　×　　　　　×

　　接着我們要思想第二件事，不過我們必須先瞭解一些背景。你們可以回想一下，那

時施洗約翰被鎖在監裡。主耶穌聽到這事，就往加利利去。由於約翰的離去，祂知道從這時刻起，祂必須單獨擔負起作神見證的工作。耶穌覺得祂應該在自己的身邊召聚一些跟隨祂的門徒。他們可以受訓練作天父所要祂作的工作，並且在祂離世以後能夠接續祂的工作。

所以我們在馬太福音第四章的記載中發現，此後不久，有一天主耶穌在加利利海邊行走。那時祂看見兩個打魚的人在海裡撒網。他們中間一個是西門彼得，另一個是他的兄弟安得烈。耶穌走過去，呼召他們說：「來跟從我，我要叫你們得人如得魚一樣」——他們就立即捨了網，跟從了祂。主能夠呼召他們來跟從祂，因為他們已經接受祂為彌賽亞及救主，所以這是一個作門徒的呼召。我們不知道從西門彼得的悔改歸正到這次蒙召作門徒之間相隔有多久。很可能是幾個月，甚至半年。無論如何，主耶穌在海邊行走，看見他，呼召了他。

這呼召的內容是什麼呢？我們必須再一次讀我們面前的這一段經文。這呼召是「來跟從我，我要叫你們得人如得魚一樣。」重點清楚地是放在「來跟從我」，「得人如得魚一樣」是其結果。服事總是作門徒的結果。我們要十分注意，這呼召主要不是來服事，基本上是來作門徒。是的，很清楚的，

作門徒的目的**是為了服事**；但是我們必須認
清蒙召的次序先是「來跟從我」，其次才是
「我要叫你們得人如得魚一樣」。首先我們
必須學習，然後才能有所施給。

因此我們必須十分確定不要把這次序顛
倒。然而在基督徒生活中常常是本末倒置。
現在人們太着重服事，而忘記了只有門徒才
能真正地服事。在我們有了悔改歸正的經歷
之後，我們為主大發熱心，頭腦中第一個思
想常常是：現在我得救了，我能為主作什
麼？我們不是也常常用這樣的態度來看事情
嗎？當然，神知道我們的心，祂也悅納。但
是遲早我們會發覺這樣的次序是不對的。

×　　　×　　　×

記得許多年前，我十多歲的時候，有一
次參加了一個夏令會。那時候我正在認真尋
求救恩，因為我被自己的罪壓得很重。在一
次的聚會中，我聽到所傳的福音。因着神的
恩典，我以非常簡單的方法來到主面前，我
發現自己所有的重擔都卸下了。我是多麼的
快樂──我非常感謝主。最後一天的聚會，
有一個獻身的呼召，這在基督教佈道中是常
有的事；那就是說呼召獻身去傳道。啊！我
仍能夠想起許多年前，我剛得救時的喜樂。
我是多麼愛主！祂是怎樣地愛我又拯救了
我！很自然地，我願意把一生獻給祂。所以

當講員呼召獻身去作傳道時，我是那麼熱切地響應。

那時講員說：「若有人願意服事主，可以到講台上來，並且揀選你要去的地方。你可以就上到這裡來，指出你願意去服事主的地方。」他轉身，邊說邊指向掛在他後面牆上一張中國的大地圖。聽到這呼籲時，我對自己說，如果要服事主，我要到最偏遠、最艱苦的地方去。因此，我站到講台上去，毫不猶豫地把我的手指指向蒙古，宣告那是我要去的地方！

慈愛的主知道我的無知。而且我相信主悅納我那種天真的無知。不過我們不能忽略一個事實，這是我們的天然觀念。十分自然地，我們覺得作為一個基督徒，我們生活中的第一件事就是為主做些事。是的，我們**必須**為祂做些事；主也希望我們最後能為祂做些事。但是我們預備好了嗎？我們夠資格嗎？

實際上我是努力去預備的。因為從那一天起，這成為我的一件很嚴肅的事。我開始尋找關於蒙古的書。我一本又一本地讀着有關中國這個地區的書，並且專心去學蒙古話。而且，有一整年的時間，我每天早晨禱告：「主！我就要到蒙古去了。請你幫助我預備好。」中學畢業後，為了學習傳福音，我決定到一所聖經學校去受訓。我選擇了一

所學校,對我父母說,我要去那裡預備我自己。當我父親說「不!」時,我是多麼的失望!

我深願我們都能明白這一件事:作門徒的呼召必須先於服事的呼召。因為我們將要看到作門徒乃是我們生命成為有用和有效力的根基。作為神的兒女,我們從祂領受一切,作為我們的滋養和成長之用。作為基督的門徒,我們仍然一直在從主領受着,雖然這種領受不僅僅是為了我們本身的好處,也為了能夠成為合乎主用的器皿。所以請記住,正確的次序是先作門徒,然後作服事神的人。

×　　　　　×　　　　　×

古代作門徒和作學生是不同的。今天我們把這兩個一樣看待。那就是說,某人要付一些錢,然後到大學、職業學校、技術學校、或者其他學校去上課;而學校用這人所付的錢作薪水聘請教師。教師盡他所能將他的技能、學問、或有關專長教導給這人。這人坐着、聽着、吸收,直到學會了教師的全部學問和技能。結果他成為和他教師具有同樣學問和技能的人。然後他畢業、出去,從事和他教師一樣的工作。他獲得了學位,可以成為一個教師。

在這裡我們看到,教師和學生之間沒有

密切的生命關係，只不過是思想與思想，而不是生命與生命的接觸。其整個過程幾乎全部是精神範圍內的。大約學滿了四年後離去時，這個人的思想充滿了他教師的思想，但他的生命仍然是他自己的。今天，這就是作為門徒和作學問的新式途徑。

聖經對作門徒的看法與此完全不同。我們可用一個十分普通的名詞來形容聖經的看法──**學徒**。這個名詞使人回想到學習一門手藝中的門徒和他師傅之間所存在的關係。但這名詞確切地是指什麼呢？假定你父親把你安排去跟某一個商業或手藝的師傅作學徒。如果這師傅願意收你作他的學徒，這是給你的特權和榮譽。是的，你必須付一點束脩給你師傅，但這不是薪水。一點也不是。你付給他的東西是表示尊敬你師傅，因他願意收納你。有時師傅不願意收納某一個人作他的學生或門徒。他可能感覺你沒有潛力，帶你在他身邊簡直是浪費時間。換句話說，關鍵在於你是否夠資格而不是在你有沒有支付學費的能力。他所考慮的是你能不能成為一個成功的學徒，這是決定性的因素。你若被收為學徒，這是你的特權和榮譽，是你的榮譽而不是他的。

並且在古時候，作學徒的人不住在自己家裡。在那個時候，假如你成為學徒，你要離開自己的家，斷絕一切關係，搬到你師傅

家中與他同住。你要日夜和他住在一起。可能在第一年中他一件事也不教你,只叫你幫助他做家務事。例如你必須照顧他的小孩,可能叫你掃地或作類似的工作。也許你會問,這些雜務和作學徒有什麼關係呢?我是來學手藝的。但是不,在古時候你必須從最起碼的事做起。可能過了一整年,師傅一點東西也不教你。你僅僅作這些卑賤的工作,像僕人對主人那樣。

不過,漸漸地師傅告訴你這個,給你看那個,或者在另一件事上糾正你。隔不了幾年——學藝期滿時——你會發現自己不止學會了師傅的手藝或技能,學得更多的是你師傅的作風,你師傅的人生哲學。不僅如此,你現在走路的樣子,說話的樣子,都已經很像你的師傅了。你是你師傅的複製品。師傅的生命和技能同時在他學徒身上被複製出來了。所以一個門徒,不是在一個人身上加一點什麼東西,事實上他這個人真的是變成另一個人。

× × ×

有趣的是,主常常呼召那些忙碌的人作門徒。祂好像不需要那些閒散、懶惰或者冷淡的人。請注意,耶穌呼召時,彼得正在打魚,利未正坐在稅關上,而祂呼召掃羅時,掃羅正忙於迫害信徒。我們的主揀選那些有

潛力的和能夠受訓練的人作祂的門徒。但是
我們也不可忘記，神**所有**的兒女都蒙召作祂
門徒。可惜的是，不是每個人都聽見祂的呼
召。我們應該知道，能夠聽見主呼召我們作
門徒，是很大的榮幸。既然聽到了，我們就
應該起來跟從祂。主能允許我們這樣作是何
等的榮幸！

×　　　　×　　　　×

　　實際上作門徒的呼召是很容易理解的。
主只是說：「來跟從我。」祂並不是說來跟
從這個或跟從那個。主僅僅說：來跟從我——
我！這正如你悔改信主的經歷一樣——你是
作主耶穌這個人的門徒，而不是跟從任何制
度，任何機構，任何教條，或任何人；你乃
是跟從一個人，單單一個人，就是主耶穌。
這個呼召是「來跟從我」。你不是蒙召來相
信、跟從、或者遵守某些規條制度。不！你
是被召喚來做一個活着的人（基督祂自己）
的門徒。因為祂是活着的，不是死板固定
的，所以你絕不會知道將要遭遇什麼。你不
能想像到會發生什麼。總之，你必須**跟從**
祂。

　　所以主說「來跟從我，我要叫你得人如
得魚一樣」的時候，彼得立刻捨了網跟從
祂。這麼容易！這麼簡單！主並沒有向彼得
解釋為什麼他必須跟從祂。那時候主甚至沒

有告訴他，他要付的代價將有多大。祂也沒
有向他解釋跟從祂的意義。基督沒有說：
「彼得，捨了你的網來跟從我吧！」主連這
樣的話都沒有說。如果你能夠帶着你的網追
隨基督，也可以！但是彼得知道他不能這樣
做。不能！主只是說來跟從祂，彼得就立刻
捨了網跟從祂。為什麼？

彼得當然認識主。彼得對祂並不陌生。
藉着啓示，他已經看到耶穌是基督，是永生
神的兒子，是他的希望，也是以色列人的希
望。他已經完完全全地信賴主。這就是彼得
能夠那樣簡單地，毫不猶豫地捨棄一切跟從
主的惟一理由。因為他被這個呼召他的「人」
所吸引了。

如果在這個作門徒的經歷中，你看你自
己，看四周，或者去計算、計算，你必定會
猶豫：代價是不是太大？主會不會太苛刻？
這是一件**艱難**的事——我怎能答應祂呢？是
的，一點不錯，如果你的眼睛看你自己，或
看你周圍事物，就非常難以答應主的呼召。
但是如果你像彼得那樣，就是說，你曾經見
到過主，聽到過主，並且被這個「人」的榮
光所吸引，那就再也不會有爭執，不會有計
算，也不會有保留了。回答這呼召，就變成
自然而且容易的事了。祂呼召，你就走。這
就是西門彼得的道路。

作門徒這件事**有**兩方面：一方面它是需要仔細考慮的；但從另一方面來看，它是不應當有絲毫遲疑，也不應當有任何考慮，因爲作門徒是**遠超過**你所考慮的一切。爲什麼？因爲你是被這個「人」所吸引。如果不是作我們主耶穌的門徒，而是作別人的門徒，你應當三思而行。但如果是作這位「師傅」的門徒──祂是這樣地愛我們，甚至把祂自己都給了我們。祂是宇宙的主宰。祂是你的救贖者，你的王，你的生命、希望、和一切。像這樣的一位在呼召你的時候，你只能去，不應該有一點保留，趕緊起來，跟從祂。

所以我祈求基督向我們顯明祂自己。我們不要沉溺在許多思想中：我必須丟掉或捨棄多少？沒有這些東西我的生活會變得怎樣暗淡和愁苦？我必須付出多大的犧牲？我今後將怎麼辦？請容許我說：如果你這樣，你就未曾遇見主。你若曾遇見了主，這一切都不會放在眼裏了。所以，主什麼時候呼召，你只管去，因爲你是在跟從祂。這就是作門徒的呼召。彼得丟下一切跟從了耶穌。他發現藉着與主作伴，他所得到的補償比捨棄的更多。

×　　　　×　　　　×

現在我們要思想第三件事。這是記載在

路加福音第五章。西門彼得跟從主可能有好幾個月了。我們知道在主工作的第一個階段，彼得和主一起在猶大和加利利。在這一段日子中，彼得親眼看見主所作、所講的許多事。但是不知道為什麼緣故，我們發現他又回去捕魚了。主再一次回來找他。

我們不知道，起初耶穌和祂門徒之間的默契是不是不夠，或另有原因？是不是因為在初期主的工作不需要祂的門徒經常和祂在一起？或者是因為彼得不知道作門徒的全部意義，認為他可以同時事奉兩個主？我們不能確定。但是我們確實知道，當初主呼召西門彼得作門徒時，他是迅速而澈底地回應主的。然而他的生命要被這呼召的真正意義所掌管，是必須經過一段時候的。因為從聖經記錄中我們知道彼得有時跟從主，有時又不跟從主。他是個斷斷續續的門徒。在他的生活中還有其它目標吸引着他。所以需要有另一個危機臨到，才能穩定西門彼得，使他永遠作門徒。他生命中的這個危機，現在就擺在我們面前。我們將會發現，在那個重要的早晨，彼得捕到那麼多魚的這個神蹟，深深地震撼了他的內心。

× × ×

主耶穌再一次在加利利海邊找到他的那一個早晨，發生了什麼事？我們發現，彼得

已經認識主相當清楚。但從另一方面來看，
他還不認識祂。是的，他稱呼耶穌爲夫子，
是在他之上的。即使如此，在他面前發生了
這個神蹟時，彼得的眼睛開了，好像以前從
來沒有開過一樣。這是他第一次看到這位基
督——這位耶穌——這位從拿撒勒來的木
匠，正是宇宙的主宰。祂管理着每一件事，
甚至海裡的魚。這個「人」實在是主，現在
他認清了自己過去是怎樣對待祂的。因爲直
到這個時候，西門可以說是跟隨主作門徒，
但他還有其它事業，他曾回去再打了一些
魚。他開始跟從主的時候是那麼勇敢。然而
他不認識作門徒眞正牽涉到的是什麼，也不
確切知道他自己和作門徒之間的關係到底是
什麼？不過，在他間歇地跟從主的幾個月
中，西門無疑地在他一生中第一次開始發覺
（即使是模糊的）他自己到底是怎樣一個
人。

雖然我們只能猜測，這段期間這個門徒
心中到底經歷了什麼路程，但是最可能的
是，夫子在彼得的心中逐漸增大，而相比之
下他自己則愈來愈小。他甚至會懷疑，這位
夫子揀選他，是不是選對了。雖然他稱呼主
爲夫子，也願意事奉祂，作祂的門徒，然而
他逐漸意識到，事實上耶穌**不是**他生活的中
心。他仍有着他自己的興趣，他仍然要走他
自己的路。總之，他發覺自己徘徊在兩種思

想中。結果是，彼得對自己失去了信心。一方面他希望他能完全投身於其中，但另一方面他要離開。一方面他離不開主，祂是那麼樣地吸引着他，但另一方面他不能全心全意地爲着主，因爲別的事常常把他拉回去。這是一個心懷二意的人，有着雙重的愛、雙重的興趣、雙重的忠誠。這個人靈裡的掙扎是多麼地激烈！明顯地，他是一個希望事奉兩個主，而不是專一事奉的人。結果他一個門徒也做不成。眞是可惜，他沒有學習到什麼，只是浪費了光陰。

你自己的經歷不也是如此嗎？你不也曾勇氣十足毫不猶豫地答應主的呼召，並且宣告說：「主啊！是的，我要跟從你。」然而在你開始跟從祂作爲你的夫子之後，又怎樣了呢？你逐漸發現，在你的生命中另有東西拉着你往別處去。你開始覺察到一件討厭的事實，就是在你心中有另一個主。你會發現你是那麼不願意丟下這個主人。你也像彼得那樣成爲一個斷斷續續跟從主的人。你所需要的是一個危機來激動你心靈的深處，要有像彼得那樣的經歷，以粉碎你以前的行爲和對事物的看法。

×   ×   ×

現在西門彼得認識到，主對於打魚，比西門這個專家知道得更多。這個「人」比專

家更爲專家，祂有絕對的知識以管理萬物。認清了這事實，他才意識到基督必須成爲自己生命中一切事物的主，否則祂在他生命中就根本不是主。在一瞬間，藉着這不尋常的事件，作門徒的眞正意義終於進入了這個搖擺不定的門徒心中。他總算看淸，他不可能事奉兩個主。彼得現在承認要麼基督必須成爲我惟一的夫子和主，要麼由於我的不配，我不得不求祂離開我。

這眞是出人意料！本來呼召他作門徒的是耶穌，而現在卻是彼得必須決定，他**能不能夠**成爲他夫子的門徒。

在這裡我們必須試圖去體會彼得那天的感覺。他對主說：「離開我，我是個罪人。」難道他眞的要主離開他嗎？若是這樣，爲什麼他不乾脆自己離開主呢？他當然有自由這樣作。但是彼得發現他不能離開主。榮耀的耶穌強烈地吸引着他。事實上，他是在懇求他的夫子說：「主呀！我不能離開你，我屬於你了。但我是不配的。你呼召我作你的門徒，可是我不適合作你的門徒。過去的幾個月證明我不是你的門徒，我沒有眞心向着你。我不能勝過我自己。我往往要當自己的主，要走自己的路。我自己不知道該怎麼辦。我現在還是不知道。我不敢欺騙你。我作不到，所以我不敢愚弄你說我願意一輩子跟從你。因爲我發現有別的牽累和吸引在拉

我回去。主，你真的要像我這樣的人作你的
門徒嗎？你恐怕選錯了人吧。我實在是不合
適。哦，主呀！請讓我走吧。不要糟塌你的
工作和你的旨意。**我**不能離開，因為我是被
你吸引住了，我是被你所佔有的，我也是蒙
你呼召的。但是主阿，如果你喜歡的話，你
就釋放我吧。」

　　當彼得說：「離開我，離開我！」時，
這就是他心裡的感受。彼得是這樣地輕看自
己，他求主離開他這個罪人。但是，還是這
個老問題：他**真的**要主離開他嗎？當然不
是。彼得必定在想：「哦，但願你**不離開**
我！但是我知道我是個罪人，我豈敢要求你
不離開我呢？」我們應當清楚，這不是意味
着他沒有重生，而是意味着他還是一個心懷
二意，兩面都要事奉的人。外表上他是在跟
從着主，而裡面卻不是這樣。他的罪**在於**偽
裝，在於全然失敗。彼得承認：「我是個罪
人，我只配求你離開我。我實在是一個不配
的人。」

　　如果我們能夠進入到彼得感覺的深處，
我們或許能體會問題之所在。因為他不能離
開主，所以現在他在卑微中要求主離開他，
拋棄他這個不配、不適合作祂門徒的人。彼
得再也不能信任自己。他懷疑自己能否堅持
到底。實際上他幾乎能肯定，他會失敗的。

　　除非主曾帶領你到彼得所經歷的這個境
界，恐怕你作門徒的心志可能更不牢固。你
現在是不是在這種情形中？你知道主曾呼召
你作祂的門徒。也就是說祂呼召你要同祂在
一起，跟從祂、學習祂、使你能夠像祂。但
在你匆匆答應之後，你開始察覺自己內心的
邪惡，你發現你不願意放棄你自己的主權，
你要作自己的主。因此，你在兩個「主」中
被撕裂了。或許有一天，基督以祂的榮耀啟
示你，祂是一切所有之主。哦！祂是你的
主。因為祂是你的主，祂要求你全心全意地
對祂忠誠，將你自己完全降服在祂面前，把
你自己交在祂的手中，讓祂隨自己的喜好塑
造你，使你成形。你卻是一面願意而一面又
作不到。你在兩者之間搖擺不定，所以你只
能這樣地禱告：「主呀！離開我，我實在是
不配。」但是你也像彼得那樣並不真正要祂離
開你。你要祂得着你。

　　讓我再一次重複：你有沒有到達這個境
界？如果你有，那就請你仔細聽主是怎樣回
答彼得的。耶穌說：「**不要怕，從今以後，
你要得人了。**」（路五10）。

　　　　　　×　　　　　　×　　　　　　×

　　我們要知道，作為主的門徒不能夠依靠
自己的力量，乃是從祂來的力量。祂是那位
呼召的，祂也是那位要成全的。這不取決於

你自己。不要以為，你有鐵一般的意志，你就能成為祂的門徒。不要想，因為你懂，所以你就能成為祂的門徒。如果你想憑自己作一個跟從主的人，你會完全失敗。如果你想完全靠自己絕對地與主同在，我告訴你，你不能。這是不可能的。靠人，根本辦不到。但是，你不必懼怕。主知道你。主並不希望你憑自己來作祂的門徒。請再一次聽主滿有恩惠的話：「不要怕，我和你同在。我要作。你只不過是我手中的泥土。」

我想到了耶利米生平中的故事。第十八章告訴我們，這位先知下到一個窰匠的家，看見他正在把一堆泥土放在輪盤上。窰匠轉動輪盤想作成一個器皿，但是他手中的器皿作壞了。這就是西門彼得在這位大窰匠手中的光景，因為有抗拒，有外來的因素。彼得在還沒有成為一個器皿之前就損壞了、破了。但是正如在耶利米那個時候的窰匠一樣，作為窰匠的主並沒有把這個人（泥土）丟掉。祂拿起這塊同樣的泥土，又開始作一個新的器皿。窰匠看怎樣好，就怎樣作。

哦！主的作為是多麼的高超！不在乎你和我，而是在乎主的手。在我們裡面，我們是破碎的，我們是弄糟了的。我們不能成為一個好的器皿——在作成合用器皿以前已經壞了。但是主說：「不要怕，我要塑造你。我要從你裡面作出一個新的器皿。」這話對

彼得有多大的安慰。「這不在於你今天有多少，這是在於我，我要使你得人如得魚一樣。如果是要依靠你，那末正像你自己所感覺的那樣，你注定要失敗。但是如果依靠我，你今天怎樣不費力氣就捕到這麼多的魚，你為神的國度，也要怎樣得着人。所以，照你的本相，把你自己放在我的手中，我要從你裡面做出一個新的器皿。」

主作為的巧妙是在於祂把最遲鈍的、最沒有價值的，轉變成為最有智慧，最有價值的。作為門徒所需要的，只是完全的交託和願意學習的心。因此，我們看見彼得捨棄所有，跟從了主。因着這個行動，使他作為門徒這件事最終得到了堅固。從那一天起，我們發現彼得在基督的學校中是全時間的學生，完全交託，一心跟從主。

主阿！求你向我們顯明你自己，向我們彰顯你的榮耀。讓我們看見你，聽到你，使我們可以按所應當作的來回應你。求你把自己所有的華麗、偉大和愛啓示給我們，使我們能夠徹底捨棄一切歸向你。求你用你的愛來充滿我們的心，使我們能夠被你所抓住，起來跟從你。

我們渴慕，通過我們，人們能看到你的形像，正如那些門徒一樣。但是，主阿，求

你更讓我們知道，我們不是靠自己能成為一個好的門徒，而是在乎你。讓我們學習把自己交託在你的手中。為着你的榮耀，求你塑造我們成為一個新的器皿。我們祈求，你呼召我們時，不要讓我們中間有一個人逃走。我們也不能逃走，因為你吸引了我們。

主，你知道我們的心。鑑察我們。求你今天用你的靈在我們每一個人裡面實實在在的作工。那些還沒有聽到你呼召的，求你讓我們聽到。那些猶豫的，求你讓我們在榮耀中看見你。那些害怕，覺得不配的，求你用你的能力堅固我們，在我們中間得着你自己的門徒。

主阿！我們等候你，我們信靠你。我們讚美你，敬拜你，我們的主，我們的夫子。奉你寶貴的聖名祈求。阿們。

2

作門徒的條件

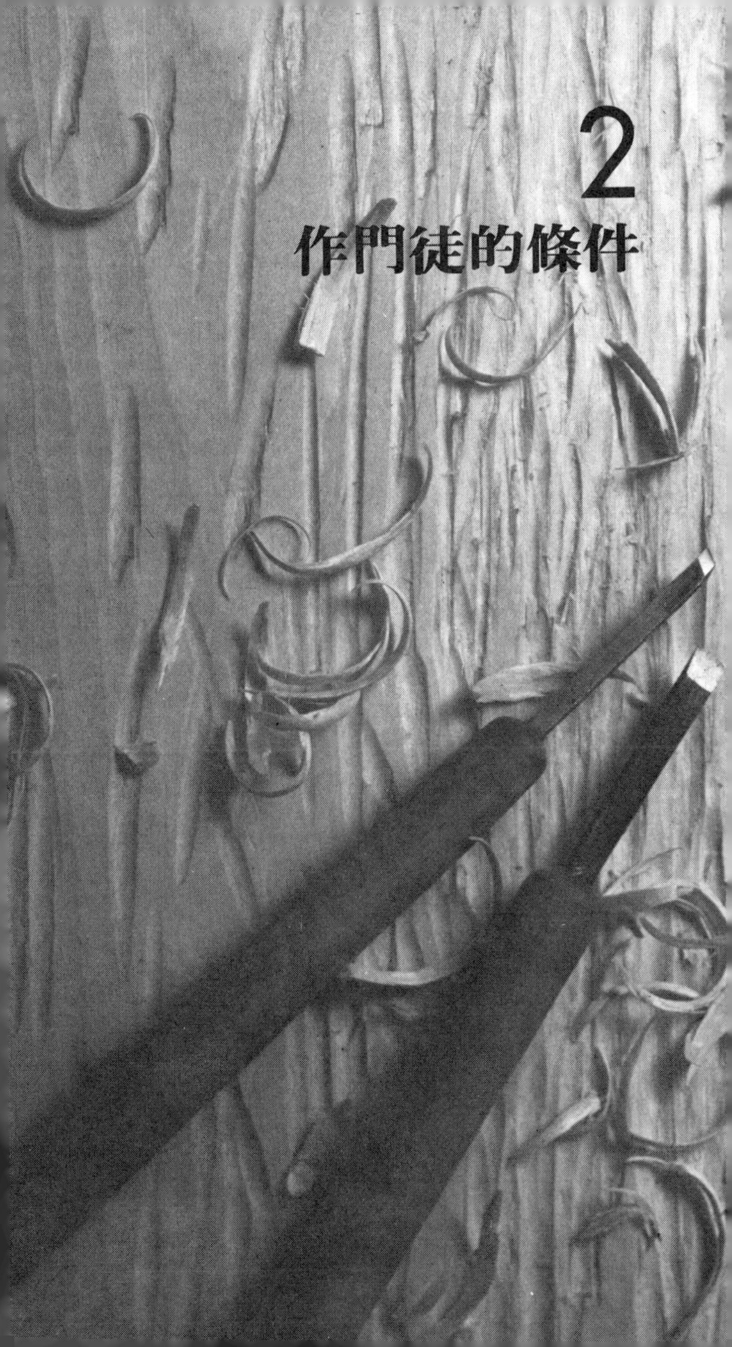

彼得就對祂說：「看哪，我們已經撇下所有的跟從你了。」耶穌說：「我實在告訴你們，人爲我和福音，撇下房屋，或是弟兄、姐妹、父母、兒女、田地。沒有不在今世得百倍的，就是房屋、弟兄、姐妹、母親、兒女、田地、並且要受逼迫，在來世必得永生。然而有許多在前的將要在後，在後的將要在前。」（可十28～31）

耶穌就對那十二個門徒說：「你們也要去麼？」西門彼得回答說：「主阿，你有永生之道，我們還歸從誰呢？我們已經信了，又知道你是神的聖者。」耶穌說：「我不是揀選了你們十二個門徒麼……。」（約六67～71）

彼得說：「眾人雖然爲你的緣故跌倒，我卻永不跌倒。」耶穌說：「我實在告訴你，今夜雞叫以先，你要三次不認我。」彼得說：「我就是必須和你同死，也總不能不認你。」眾門徒都是這樣說。（太二十六33～35）

主轉過身來，看彼得。彼得便想起主對他所說的話，今日雞叫以先，你要三次不認我。他就出去痛哭。（路二十二61～62）

上一次我們提到作門徒的呼召這個題目。我們看見西門彼得是怎樣回答那呼召的。首先，他很快地、毫不猶豫地答應。但

我們知道以後在作門徒這件事上他開始看清了自己。這需要有主新的異象來堅固他，恢復他作門徒的地位。從那天起，彼得成爲這位偉大的夫子，我們主耶穌的學徒，全時間地跟從祂，約有三年之久。他不再是一個部分時間的門徒，也不是斷斷續續的門徒。從那時刻起，他成爲主耶穌全時間的跟從者。

$$\times \qquad \times \qquad \times$$

但這不是指在主被提之後，彼得就從作門徒的學校畢業了。這也不是指耶穌升天之後，彼得自己就成了夫子。是的，從一個角度來看，如果我們能忠心跟隨主，總有一天我們會像那位大夫子下面的小夫子。但從另一方面看，我們永遠不會變成夫子。那就是說，我們的意志和行動永遠不能獨立。雖然我們可能由作學徒，引出其它積極的責任，以被主用來完成祂未竟之業，但作門徒仍是終身的事業，一直到祂再來，我們在基督裏得到完全時爲止。但即使在那個時候，我們也永遠不能停止作門徒。彼得跟從耶穌的那三年裏，他學得很多，但他一直沒有畢業。因爲在主升天之後，所應許的聖靈澆灌在衆人身上。其後，彼得就在祂的管教和訓練之下。總之，他是終身作門徒。

應當清楚知道，你答應我們主的呼召時，只是剛剛開始作門徒。不要以爲，答應

了基督，從此你就完全了，你就有了一切，
你已經是羽毛豐滿、成熟、完全的門徒了。
不是這樣。你答應作門徒的呼召，只不過是
一個起點。從那一天起，主要通過祂的聖
靈，管教、訓練你。祂要改變你、塑造你，
使你成形，直到主的形像在你的身上被彰
顯。你永遠不會有停止學習的一天。你從祂
學得越多，就有越多需要學習的，因為祂是
如此偉大的主。這是我一開始就要講清楚
的。

×　　　　　×　　　　　×

　　我們現在要集中思想來看一個非常重要
的題目：作門徒所必須具備的各種先決條
件。如果我們希望成為我們主耶穌的好跟從
者，我們的經歷中至少必須確實地具備三個
基本條件。為了說明這一點，我們要來看西
門彼得一生中所遇到的一系列的事。這些事
能夠明白地顯示出他作為基督門徒的內在條
件。我們在這裡所提的事，並沒有按照時間
上的次序。

×　　　　　×　　　　　×

　　作門徒的第一個條件是**捨棄**。我們必須
捨棄一切來跟從祂。如果在我們的生活中還
有許多舊東西束縛着我們，主就不能夠對我
們作任何事。在祂能夠在我們裡面作新的事

以前，舊的習慣、舊的關係、舊的人——必須全都捨棄。對於祂的門徒，主沒有意思僅僅把從前的我們和我們所持有的稍稍改造或改良一下而已。祂要把我們拿在手中，把我們造成一個嶄新的人。祂就是這樣的一個夫子。祂的工作就是要把祂的學徒改變成祂自己的形像。所以這不是要改良舊的，這完完全全是創造一個新的。因此，就必須有完全的捨棄。我們必須撇下一切來跟從祂。這是成功的祕訣。

有人正確地指出，這種撇下和捨棄，主要是一種心理態度。物質上的捨棄確實是很重要的。西門彼得實在是捨棄了一切跟從主。他的船、他的網、他的家庭都被放在祭壇上了。主可以憑自己所喜悅的對他作任何事。日子將到，彼得必須丟下他的船、他的捕魚事業和他的家庭，為的是要跟從耶穌。他確實是在物質上撇下了一切。

但即使是彼得，他的捨棄最突出的一點，在於他的心裡或意志上的態度。雖然他撇下了物質上的一切跟從主，但是他還有他的家庭，甚至很可能他還擁有他的船和網。如果是真的捨棄，**最重要的是**心裡的態度。很自然的，捨棄乃是指對可觸摸到的物質東西的棄絕。否則，心永遠沒有辦法真正地從千纏百結中被釋放出來。福音書中那個富有年輕的官就是個很好的例子（可十17～22）。

一天，一個年輕富有的官來見主耶穌。他跑來，當着眾人跪在祂面前。這不是容易做到的。如果你有一點地位或者有些財產，你能像這位青年人這樣做嗎？在人羣中他跑過來，跪在耶穌面前，提出他所尋求的問題：「良善的夫子，我當作甚麼事，才可以承受永生？」他稱呼我們的主耶穌為夫子，並且問祂，我當作甚麼事？——我要作門徒，我要向你學習。所以只要是你告訴我的事，我願意作。這個青年是多麼迫切！耶穌說：「你為什麼稱我是良善的夫子呢？除了神一位之外，再沒有良善的。你如果要承受永生，你如果要成為完全，就要遵守誡命。」年輕人就問說：「甚麼誡命？」耶穌回答說，應當孝敬父母，等等。這個年輕人說：「這一切誡命我從小都遵守了。」他老實嗎？他是很老實的。他誠懇嗎？他是的。福音書的作者說，耶穌看着他就愛他。這個看，就是說主注視着他，直看入他內心的深處。基督不被外表所欺騙。祂永遠不會受字句或表情欺哄。所以祂的眼睛洞察了這年輕人的心。然後祂說：「如果你真的要成為完全人，就去變賣你所有的，分給窮人，然後來跟從我。」

為什麼主對這個年輕人如此嚴格？這個年輕人不是渴望跟隨祂嗎？他不是表示希望作門徒嗎？我們的主有這樣一位**富有、年**

輕、有地位的人要來跟從祂，應當感到大喜
過望才對。因為耶穌不過是一個「沒有學問」
的木匠。若擁有這樣的門徒，是祂的光榮和
體面啊！但是主給他這樣的難題：「去變賣
你一切所有的，分給窮人……你還要來跟
從我。」這是為什麼？主當然不需要他的錢。
主叫他去分給窮人，顯然主自己不會要它。
主叫他去變賣一切分給窮人的目的是要釋放
他，使這個年輕人的心從其中釋放出來。相
反地，主從來不必對西門說這樣嚴厲的話。
祂只是呼召說：「來跟從我！」西門彼得就
撇下了一切。為什麼他能這樣？因為他的**心**
沒有被這一切所纏住。耶穌知道彼得心中的
情況。但是主對年輕而富有的官，不得不說
出不同的，並且相當激烈的話。因為祂知道
這個年輕人的**心**愛錢財過於一切。

×　　　　×　　　　×

要你捨棄，並不是因為主要從你得到什
麼東西，因為祂是**萬有之主**。祂所能給你的
遠遠超過你所能給祂的。主要你捨棄是因為
祂知道有些東西在牽制你，束縛着你的心，
使你變成它的奴隸。一句話，你因為它而不
自由。因為你不自由，主也不能夠自由地在
你身上作任何事。捨棄是要使你得着自由。
一旦你獲得了自由，基督就要說：「來跟從
我。」

今天，有沒有什麼東西束縛了你的心？有沒有什麼東西抓住你，使你像奴隸一樣？如果有，主的話說：「捨棄它、撇下它、對付它、要樂意放它走；然後你來跟從我。」但是那個富有的年輕人憂憂愁愁地走了。他想要作門徒，但是他不能，因為他的心被愛財如命的圈套套住了。他寧願抓住他的財富而不要永生。你可以說：「多麼的愚蠢！」然而，我們是否比他更聰明呢？

×   ×   ×

主接着說（第23節）：「有錢財的人進神的國是何等的難哪！」這話使其他十一個門徒都感到吃驚。他們的想法是，你越富有就越容易進入神的國；你所有的越少，就越難進神的國。但耶穌卻說，財主難進神的國。所以其他門徒就問，這樣誰能進去呢？假若富人不能進去，那些有的不能，那麼我們這些貧窮的和沒有的，就更沒有機會了？於是，主就這樣地回答：在人是不能，在神凡事都能。

以上是十一個門徒的反應。現在讓我們來聽聽彼得（第28節，參太十九27）。他說：「看哪，我們已經撇下所有的跟從你，將來我們要得甚麼呢？」讓我們就停在這裡思想一下吧！彼得已經捨棄一切跟從了主，這是事實。正如我們所見到的，他的心

不受任何東西所束縛。但是請注意他的心是多麼**不純**，他的動機是多麼摻雜。不錯，他已經撇下了所有，但他希望得到報酬。在他裡面有一點受雇傭的味道。換句話說他有着討價還價的心。他完全不像那個有錢的年輕人。那個青年是先計算代價。他的結論是他的百萬家產比耶穌所能給他的更多。因此他寧願保住他的家財而不跟從主。但彼得更為聰明。他默默地在心裡計算着說：「我有什麼——一條船，幾張網？在我整個打魚的生涯中我不能積蓄到一百萬，但主是萬有之主。祂若要魚就有魚，要餅就有餅。這真是好得無比。主，我要撇下一切來跟從你。但我將得着什麼呢？」這是怎樣的一種心態呢?!

主呼召我們跟從祂的時候，我們常常會計算我們的代價。即使在已經為主拋棄某些東西之後，我們裡面還會有一種殉道者的感覺——我們是怎樣為祂捨棄了這個，捨棄了那個。我們真是英雄！我們為主作了多大的犧牲！因為我們願意為基督作這些，我們就在等待，最後脫口而出這樣的話：「主阿，現在怎麼樣呢？你是說，接受我所放棄的，然後你就忘了？你不打算厚厚地回報我？」請容許我說，如果我們存着這樣的態度，所捨棄的就一文不值。

不錯，主確實這麼說：「如果你們撇下

一切跟從我，沒有不在今生得百倍的，雖然
要受逼迫。在來世必得永生。」有人說，主
從來不會欠誰的債。神的恩典是白白的。但
是請注意耶穌繼續講了一個比喻（參太十九
30～二十16），在結尾時祂說：「那在後的
將要在前，在前的將要在後。」我們在這裡
需要記住的原則只是：在捨棄的時候，不要
想因為你為主放棄了你所有的某些東西，就
會給祂帶來很大的榮幸，或者你為主加添了
什麼，並且由於你作了如此犧牲，所以祂保
證會償還給你。哦！絕不要有這種想法。如
果你這麼想，你就要成為那最後的。

　　對於主，不可以討價還價。對於主，談
不上犧牲。對於祂，只有出於純潔的愛。為
什麼我們撇下一切跟從祂呢？不是因為祂要
求，而是因為祂喜愛。在這個捨棄的行動
中，你的心理態度該是出於愛，而不是報
酬。如果彼得捨棄一切純粹是出於愛主而不
希望報酬，這將多麼討耶穌喜悅！撇下所
有，不求任何回報，應當是捨棄的準則。

　　在你作門徒的經歷中，不也常是這樣
嗎？主用祂的指頭指向某一件事說，如果你
要作祂的門徒的話，必須丟下這個。你是不
是就掙扎、算計、感到犧牲太大？為什麼會
這樣呢？因為你的眼睛停留在事物上面。你
越是多看它，這東西就越變越大，大到好像
充滿了世界，因此也就越不容易被丟下。但

是當主對付你，並且向你顯現——將祂自己
啓示給你時，就丟得下了。而在丟下時，你
甚至沒有犧牲的感覺，你俯伏在基督面前
說：「主，這是犧牲嗎？我沒有什麼可以犧
牲的。在你的愛面前，沒有任何東西可以稱
得上是犧牲。我若這樣看，就會觸犯你。你
將萬物都給了我（萬物都屬你所有），而你
只爲了我的益處，要我放下一點點東西，使
我得到釋放，使你能夠在我的生命中自由運
行。我怎能稱此爲犧牲呢？」

我們若眞正認識主，就談不到犧牲。只
有在我們的眼睛看着我們所將捨棄的東西的
時候，這種犧牲的感覺才會變得那麼大。我
們的眼睛若能仰望基督，祂若吸引我們，向
我們顯現，那就沒有什麼犧牲。正因爲沒有
犧牲就沒有討價還價。我們不期望主以同
類、以相同的數量回報我們。主會賜恩的，
但這是祂的事。我們不要存這樣的指望。我
們情願把這看成是爲了愛。

我們不要懷着一種複雜心理說：「哦！
主是這樣一位嚴厲的主。祂的要求那麼多，
因此我必須捨棄這個，放棄那個。這是多大
的犧牲啊！是的，祂要還報我一百倍，但祂
說過會有逼迫！是的，祂要在來世賜給我們
永生，但在今生會怎樣呢？我所有的只是死
亡？」這是什麼樣的心理態度！不要有這種
心理。如果祂說要捨棄，我們就當喜樂。這

是很大的榮幸。主呼召我們捨棄，是祂看得起我們，因為祂需要我們。祂沒有把我們撇在一邊。祂願意接受我們作祂的門徒。

×　　　　×　　　　×

作門徒的第二個條件是**交託**。如果你還沒有全部交託給主，祂就不能使你轉變。作為一個現代的學生，我可以選擇教授。如果我不喜歡他，下學期可以換另一個教授。但是作為主耶穌的門徒，你就不能這樣。要麼，你把祂看作夫子，一直跟從祂；要麼，就乾脆退學算了。

我們常常會想到我們是為基督而捨棄的，事實上只有對了我們胃口時，我們才肯為主捨棄。當祂的旨意和道路與我們的意圖和道路有衝突時，我們就想離開祂。這不是交託。完全的交託是作門徒第二個重要的條件。不管是好是歹，是生是死，我們必須把自己信託給主。

×　　　　×　　　　×

讓我們來看彼得。有一天，主耶穌正在對祂的許多門徒講道（請看約翰福音第六章，尤其是第六十節）。祂對他們說了一些難懂的話。有些人聽了，因為難懂，就離開了祂。主問十二個門徒，是不是他們也想離開。在這裡，彼得又出面了。他回答說：

「主啊，我們已經認識你，也已經把自己全部交託給你。別人可以走開，但我們沒有地方可去，也沒有人可以去跟從的。無論怎樣，我們是認定你了。我們已經截斷了我們的後路。我們沒有其它選擇，只能同你走前面的路。然而我們不是由於一些可憐的思念，被動地、被迫地走這條道路，而是被一個光輝的思念所催促：那就是因為你有永生之道。我們承認對於肉體，這是一些難懂的話，但對於我們卻不難理解。這是永生之道，是我們所需要的，所倚靠的。因我們已將自己，交託給你和你的話語了，你的興趣就是我們的興趣。我們要依戀於你。」這是一篇何等的交託宣言！

然而，彼得或任何其他門徒，能因此而誇口？一點兒也不。因為就在彼得講了這一段向主交託的動人心弦的話之後，我們看到耶穌立刻回答：「我不是揀選了你們十二個門徒麼？」（第七十節）是耶穌基督揀選了彼得和其餘的人，是祂帶彼得進入這樣的交託中。讚美歸於祂的名。

然而，不幸的是，知道要如此交託的人是那麼少。今天有許多門徒，當不合他們心意時，就離開祂走了。看來好像他們有許多路可走，有許多地方可以去。我們的主在問：你將怎麼樣呢？是的，有時候你會遇見困難；你會聽到難懂的話，你不能真正了

解，正像彼得那天不懂得主所說的一樣。但是，雖然如此，彼得還是完全地交託。

你知道，我們的心極易傾向物質。我們腦裏想的總是衣服、住屋和食物。就像那五千人一樣，主給他們餅吃，又希望把他們引導到吃從天上降下的糧，就是吃、喝祂自己的地步。對於他們和門徒，這就是靈，就是生命。但是主試圖引領他們接觸救贖、生命等屬靈、精神方面的事物時，卻遭到了愈來愈多的反對，因爲墮落的人類原有傾向物質的本性。許多門徒也不能接受，因爲他們認爲這話太艱深了。

難道我們有什麼不同？主試着帶我們脫離屬物質的、屬世的事物，進入屬靈的和屬天的層面，很多時候我們卻不去把握它，因爲我們太過於重視世界，以爲觸摸得到的東西才是眞實的。所以主想要把我們帶離可觸摸得到的東西，進入那不能觸摸的境界，從暫時的進入永恒的，我們卻不能理解。還有，在我們生命中所發生的許多事，當時我不能理解。我們被觸犯了？我們被刺傷了？如果我們沒有完全把自己交給基督，我們**就會**覺得被冒犯，最後掉頭而去。但如果我們完全信任主，從一方面看，我們**是**被冒犯了；但從另一方面看，卻**不是**。我們可能不能理解，但我們緊握住我們前面的方向，堅持主和祂的道路，而不像那天耶穌的許多門

徒那樣離去，不跟從祂。從外表看，他們已
經跟從了主，但內心卻沒有。他們沒有把自
己交託給祂，他們是把自己交託給自己的私
心。如果每一事都照**他們的**意願進行，他們
可以從中獲利，他們會跟從的。但如果是太
嚴格了，他們隨時準備離開耶穌。

在我們屬靈的經歷中，往往會感到，這
太難了，可能是該離開的時候了。主的道路
是太奇怪了，我們不明白，我們不能再往前
走。但是環顧四周，我們找不到任何出路。
我們走投無路。如果我們因此而「死」，那
是因為我們沒有別條路可走。如果我們不顧
一切，**還是**和祂一同向前走，這才是交託。
這就是彼得當時的光景。他堅持跟隨主。別
人可以離開，但是他不能，因為他沒有別人
可歸從。這也是作門徒的條件：完全的交託
給主。

×　　　　×　　　　×

當然，這種交託必須經過嚴格的試煉。
我們主的仇敵，也是衆聖徒的仇敵，會竭盡
全力地來阻撓破壞這種對基督的絕對依附。
他會盡他所能，激動他的舊伙伴（肉體），
來摧毀這種交託。彼得本身就受到嚴重的試
煉，並發現自己的缺欠。

你還記得，耶穌在地上的生活接近尾聲
時，彼得依靠肉體，在這方面完全失敗了。

當時，主預言彼得將要否認祂，又說，他們都要爲祂的緣故跌倒，就像牧人被擊打時，羊羣四散一樣。事實上我們的主是在說，彼得對祂的交託要完全失敗。不管彼得如何表明他的忠心和交託（「衆人雖然爲你的緣故跌倒，我總不能」），不管他說得怎樣慷慨激昂（「我就是必須和耶穌同死，也總不能不認你」可十四27～31），彼得陷入到他的肉體中，三次不認主。因此主轉過身來看他時，他想起主的預告，他的反應是──出去，痛哭。

彼得完全看清，在交託給夫子這件事上，他是失敗了。他認識到他肉體的軟弱，完全靠不住。雖然，在這時刻他被仇敵捉住了，但是主已經爲他祈求，叫他不至於失去信心（路二十二31～34）。約翰福音第二十一章記載，這個門徒後來在那天動人的場面中，又恢復了作門徒的地位。從此以後，他的交託是恒久不變的。不再搖擺不定，因爲現在彼得不再信靠他的肉體，他能認識自己，正如祂的主和夫子所認識他的情況那樣。所以他說：「你**知道**我愛你」（第十五節以下）。

×　　　　×　　　　×

今天在基督教裡有一件非常可悲的事，就是信徒比彼得更容易跌倒，更快離開主。

這只能說明一件事——他們沒有完全為基督
而捨棄。他們只交託到一定程度。如果主要超
過這限度，他們就說：不，不，這是我所能
交託的全部了。但是請我們記住，倘若我們
不交託給主，祂也不能交託給我們。如果我
們不交託，主就不能使我們歸於祂。祂願意
讓我們走自己的路。主所要的不是一羣不受
控制的人，祂要的是一支訓練有素的軍隊。
請容許我問你：你信託主有多少？你能交託
給祂的有多少？祂能交託給你的又有多少？

×　　　　　×　　　　　×

　　這就是交託，還是我們作門徒的初步階
段。**只有在消極方面有了捨棄，在積極方面
有了交託，我們轉變的過程才能開始。**換句
話說，作門徒的學校在這裡才真正開始。現
在開始上課了。今天你就能開始在主的管教
和訓練下，讓祂轉變你成為祂的門徒，就像
西門彼得的開始那樣。在以後的三年中，主
矯正、管教、訓練、指導、講解、塑造以及
轉變西門這個人。在這三年中主沒有一天不
在這個門徒身上作工。就是在三年之後，聖
靈還是在這位跟從主的門徒身上繼續進行管
教和訓練的工作。
　　讀四福音書時，你可以看出一個事實，
就是彼得比別的門徒更常受到主較嚴厲的對
付。他是一個誠實的人。彼得是那麼的真誠

坦率、心直口快。就因為他那開朗外向的性格，他受到了主很多的訓練。

×   ×   ×

讀福音書中的記載時，我有時候很想說：「西門，你為什麼不放聰明一點！小心一點，不要那麼爽直。這樣，你就可以少受一點斥責。彼得，請看其他的門徒。不贊成、有意見、或者要說甚麼話時，他們不對主表示，只是在門徒中間嘀咕。但你，西門彼得，你是個傻瓜，因為你常常脫口而出。你又明明作**在主面前**！等於給祂責備你的機會，例如：『撒但，退我後邊去吧！』哦，彼得，難道你不想和其他人那樣，變得聰明點嗎？」

我們卻像其他門徒那樣，認為如果更隱藏自己，學會保密，不要那麼坦率、公開，就會安全一些。很多時候我們明明在進行一些事，卻絕口不提。或者，如果一定要說的話，我們就去告訴一些朋友，卻從不直接對主說。這樣作，我們可以既達到自己的目的，又不會惹麻煩。然而，彼得好像常常和主發生問題。他經常和主過意不去，主也常常和他過意不去。彼得看來是一個有問題的門徒。其他門徒都沒有問題，只有他是主家中的害羣之馬。

但請注意：如果彼得比別人更聰明一

點，企圖向主隱瞞一些事，他能夠被主如此
轉變嗎？不。若是這樣，他會失去許多學習
功課的機會。我們要看見，主喜歡內裡誠實
的人。我們中間的一些人主不喜歡，因為祂
不喜歡和拐彎抹角、難以捉摸的人打交道。
如果人要對主隱藏什麼，主就會說：「好，
隱藏吧！我看見了，但你只管去隱藏吧。」
祂不能夠為這個人，也不能夠在這個人裡面
作什麼。但是對於在主面前誠實坦白的人，
祂能夠在他的生命裡作工。（我必須在這裡
講明一點，我並不認為彼得的性格是如此，
所以就不能改變；也不是說他的天性如此，
所以是好的。絕非如此。神造我們，各有不
同的性格脾氣。既然神造了各樣的性格，就
不應當有好與壞，對與錯的區別。）如果一
個人真的希望主能教導他，就必須在主面前
赤露敞開，每件事都告訴祂，沒有任何隱
瞞。我們在人面前不能太隨便，但是我們在
神面前應該願意赤露敞開，接受矯正。若需
要的話，受責備。你知道，一個人受的指正
越多，他學的也越多、越快。所以不要太聰
明。我發現今天，甚至在信徒中，有太多的
聰明人。他們作人是聰明的，但是在屬天方
面，是愚昧的。

　　因為彼得向着主如此開放坦率，他受到
主很多對付。但是感謝神，基督能如此對付
他。因為這是祂的恩典。如果主對我們說：

「任憑你！」你我就都完了。但如果祂能不嫌麻煩地對付我們和我們的問題，像對付西門彼得那樣，那我們就應該讚美主，感謝祂的恩典。許多基督徒在主面前把自己掩蓋得太好了，使祂不得不撇下他們說：「好吧，如果你自己是這樣好，就繼續下去吧。」所以祂就容許他們按照原樣行自以為對的事。如果祂看見我們在祂面前是赤露敞開的，祂就要將我們裏面的顯露出來。

×   ×   ×

我們最後來看作門徒的第三個條件是**捨己和背十字架**。相對地說，捨棄一切和表示全部交託不是難事。你可以捨棄一切，甚至你可以說：「我把每一件東西都交託給主」，但我相信你會同意我的看法，最難做到的就是你裏面的東西被暴露和被對付。如果這個「己生命」不被捨棄，那麼不管是外面東西的捨棄，或者是完全對主的交託，都沒有任何永久的屬靈價值。因為遲早這些外面的東西會回來；並且像這樣的交託，也很可能給你帶來麻煩。

我們要知道，我們的捨棄一切和完全倚靠主，只不過是表示了我們願意並且慎重回答主的呼召。真正作門徒，最實際以及日常生活中必須經歷的是背十字架。這才是真正的訓練。在我們的舊人，天然的「己」裏面，

必須繼續不斷地在基督的光照中被顯露。神的旨意和道路將把我們自己所隱藏的意圖和道路顯明出來。兩者將要彼此廝殺，相互較量。這兩條道路相互交叉，就形成了神吩咐我們要背的十字架。

×　　　×　　　×

關於作門徒的訓練，請清楚地認識到，這個過程不是單單把一些技能、一些知識、或一些作事的方法灌輸給你。不，不，不。這些是作門徒的最不重要的部份。門徒的訓練，最值得關心的不是外面的事，而是裡面的事。訓練一個人，最難的不是在於訓練他的手。我自己的手是非常笨拙的，因爲我從來沒有受過訓練怎樣用手。在中國，我們男孩子在家中不作任何家事，所以今天我們不大知道怎樣用我們的手作家務。在這方面，我有時候感到很慚愧。不過，即使我的手是笨拙的，我還是能夠訓練使用這雙手。但如果我堅持自己的意思，我的夫子就不能教導我怎樣用我的手。如果訓練我手的那一位對我說：「手要這麼擺。」但我回答說：「爲什麼？我想這樣擺更好。」結果會怎樣呢？不管你的夫子是誰，他都不能訓練你。在你裡面有這樣的「己」的意志、「己」的自信、和以「己」爲中心，任何一位夫子都不可能教導你使用你的手。他不得已只好說：「好

吧，任憑你了！」不，這不是手的問題，不是外面的問題，而是魂的問題，是住在裡面的「己生命」的問題。

實質上，這就是作門徒的**問題**。跟從主最大的攔阻是我們的「己」。只要我們讓基督來對付我們的「己生命」，那麼祂就能夠在我們身上作任何的事——這正是我們最後在西門彼得的故事中所看到的。現在這位夫子已經得到在這門徒生命裡動工的權利。祂要對付他的魂，直到他的「己生命」減退，最後離開，基督在他裡面越來越掌權為止。這件事發生在一個人的生命裡，就是變化。每一次的對付都使西門彼得越來越親近夫子的心意。這才是真正的作門徒。

×　　　　×　　　　×

現在讓我們從捕魚的神蹟以後所發生的幾件事，進一步來看西門彼得的生命。我們第一個要思想的，是記載在馬太福音第十六章二十一節中的事。事情發生時，基督宣告祂必須上耶路撒冷去，並且必須在那裡死。西門彼得立即脫口而出：「主啊，不要這樣。可以有另外的道路。你不必這樣愚笨。你可以不經過十字架而得到冠冕和寶座。你應當善待自己一點。」這個門徒有他自己的想法。這是他自己頭腦的產物。彼得在這裡是一個為「己」着想的人。雖然乍看之下他

的動機很好，但仔細考慮一下，在這後面很清楚的是他的為「己」考慮。他的心思不在主的事上，而在他自己的事上。因為到最後事實證明：他的否認主，基本上是因為他只求對自己的好處。彼得想到自己的生命多於想到神的生命。他甚至敢將自己的自私想法強加於主身上。他竭力要改變他的夫子，而不是使自己符合於夫子的要求。這與作門徒是多麼的矛盾阿！難怪主要那樣苛刻嚴厲地對付彼得，因為這種態度必須立即除去。耶穌對他說：「撒但，退我後邊去吧！你是絆我腳的。因為你不體貼神的意思，只體貼人的意思。」撒但藏在他的心思中，因為撒但總是躲在「己」的後面，發揮勢力。

× × ×

另一件事發生了（見太十七1～7）。主帶三個門徒上到變化山。彼得抬頭看見摩西和以利亞顯現，與耶穌站在一起。對他來說，這是多麼的奇妙！當摩西和以利亞打算離去的時候（路九33），彼得正在享受他們的同在，正像他享受主一樣，所以他不願意他們離開。他想：這是多麼好阿，怎麼捨得散開呢？他不知道怎樣說才好，但他不得不趕快採取行動，或說一點什麼，否則他們就要走了。所以他又冒出一些話來，但這一次他聰明得多了。彼得說：「主啊，讓我們搭

三座棚。一座當然為你，但還有一座為摩西，一座為以利亞。」他的意思是這樣作，他就可以全部而且永久地享受下去。這是一種「己」的享受。他是如此地享受這個偉大場面，所以他要持守它。為什麼？為了他自己。然而他忘記了在山谷中和平原上還有百姓需要主。他的自私又一次表現出來了。

但彼得的意見立刻被父神的意見打斷了。神立即取去摩西和以利亞，為要譴責這個門徒。坦白地說，我相信因為彼得說了這話，他們才離開得更快些。然後，天上有聲音對彼得說：「這是我的愛子，我所喜悅的，你們要聽祂。」彼得作為門徒，應當是聽而不是講。無論什麼東西給他，他應當接受。無論什麼東西被拿走，他也應當甘心情願。但是他「己」的享受的感覺是那樣強烈，使他不能保持沉默。

× × ×

我還想到另一件事（太十七24～27）。在這裡彼得僭越了夫子的職位。他喜歡作頭，因這是他的天性——一個會迅速作出獨立決斷的天然領袖。有一天，有些收集聖殿捐款的人從殿裡出來，來見彼得，問說：「你們的先生納不納半舍克勒的丁稅？」彼得回答說：「要的，當然要納。」因此，在向聖殿交丁稅這事上他把主也拉了進去。彼

得為什麼要這樣說呢？他肯定有自己的理由，可能他是這樣想的：「主一定要進聖殿的。主是一個虔誠的猶太人。作為一個好猶太人，祂當然要納殿稅。主當然會這樣作的，所以連問都不必問祂。我已經知道祂對這件事的想法了。」因為有這個理由，西門很自然地答應了這些人，所以他進去向主拿錢。但是他沒有料到主沒有錢。這個門徒竟如此使祂為難啊！（我們豈不也常是這樣嗎？）

彼得進去要對他夫子說話。但是在他開口之前，主就先問他：「彼得，世上的君王向誰徵收關稅丁稅？是向自己的兒子呢？是向外人？」彼得說：「當然是向外人。」主回答他說：「既然如此，兒子就可以免稅了。」

我們當看見，我們不可以想當然耳地猜度主的意念。我們天然的理由是站不住腳的。因為主常會使我們感到意外。例如主說，作為兒子，主用不着付錢。不過，為了使彼得脫離困境，並且不要得罪收稅的，主對他說：「我沒有錢。但我要你去釣魚，把先釣上來的魚拿起來，開了它的口，必得一個舍克勒，把這錢作為你我的稅銀。把它給當官的。」他去，並照主的話作了。

對付這樣一個急性子，這是多麼恰當的治療方法！彼得可能在想，第一條魚不知什

麼時候會上鉤。在他釣魚的時候，他是多麼
希望魚快些上鉤。但我想可能那天魚上來得
很慢。我相信，彼得在等魚的時候，在「己」
的決斷方面學習了一個很大的功課——不管
是爲主或者爲自己，都不可以自作主張去作
任何事。

× × ×

我們還可以提到許多別的事。有一次
（太十八21），彼得進前來對耶穌說：「主
阿！我弟兄得罪我，我當饒恕他幾次呢？到
七次可以嗎？」我並不認爲彼得這樣饒恕人
是件容易的事。可能對別人是容易的，但是
對彼得卻不是這樣。可能在這裡他頭腦裡的
弟兄是安得烈。但我不大相信安得烈會得罪
彼得。在他們兄弟關係中，更可能彼得自己
得罪自己。因爲安得烈是個好兄弟——安
靜、謙遜，並且注意、探索着每一個細節。
何況他深愛着他的弟兄西門。

彼得卻不是這樣，他是個急性子。會不
會是西門得罪了他的兄弟？彼得被得罪，極
可能不是他兄弟安得烈的錯，而是彼得自己
的錯。他可能誤會了安得烈，不自覺地認爲
他兄弟得罪他——「所以我饒恕你吧」。彼
得是多麼**自以爲義**！但我們自己豈不也常常
犯這個罪嗎？他相信，如果他饒恕他兄弟七
次，這已經足夠了。因此他感覺到自己在神

面前是個義人。但我們知道耶穌卻說：「不
是到七次，乃是到七十個七次。」

　　為「己」着想、「己」的享受、「己」
的決斷和「己」的自義，這些都是以「己」
為中心的特點，因此彼得在主面前輕易地就
流露了出來。彼得這些年和主的交往中，我
們可以清楚發現主在對付這個人的「己生
命」。一次又一次，一件又一件事發生，好
讓夫子有機會在這門徒身上揭露他的「己」。
每一點被揭露以後，主又逐一加以矯正。

　　　　　　×　　　　　×　　　　　×

　　我們來看西門彼得身上最後一個「己」
的特點——「己」的自信。他的驕傲和誇
口，在下面的事件中完全被擊潰、被對付。
這個門徒對夫子說：「眾人雖然為你的緣故
跌倒，我卻永不跌倒。我就是必須和你同
死，也總不能不認你」（太二十六33～35）。
彼得在這裏是多麼相信他自己，但結果卻是
澈底跌倒。他甚至不能在客西馬尼園子裏與
他夫子一同儆醒！他的自信到哪裏去了？他
的肉體連忍受一小時的試煉都不能。最後我
們將發現彼得接連地否認他的主（見太二十
六69～75）。換句話說，這個人的驕傲和
誇口為他帶來絕頂的失敗。

　　請注意主是怎樣對付他的。耶穌只是轉
過身來，看彼得（路二十二61）。有趣的

是，在這裏這個「看」字和約翰福音第一
章，當彼得第一次來到主面前時，描寫主仔
細看彼得時所用的「看」是同一個字。現在
主轉過來，再一次仔細看他。沒有說一個
字！也不需要說，因為耶穌只是注視着彼
得，他就出去哭了。這就把他帶到了自己的
盡頭。在主銳利的眼光注視下，他終於看到
自己裏面的光景。他總算認識到整個問題之
所在。一霎那間，他看出了自己不能作好門
徒的整個根源：那就是「己」，他自己正是
惟一的困難。因此他現在對自己深惡痛絕，
便走出去，抱頭痛哭。然而這個破碎的經歷
卻成了彼得新生命的開始。既跌落到了最低
處，從這天起，他就開始往上走。

×　　　　×　　　　×

上面所作關於西門彼得和主在一起三年
的簡單回顧，並不是一幅很美麗的圖畫。看
來他好像是充滿了錯誤。他的「己」是那麼
突出、那麼強烈：思想、感情和意志都是如
此。他有無數的主見、高度的自義和自信。
難怪主堅持不懈地對付他，我們的肉體不也
是同樣地活躍和強烈嗎？每個人的肉體是一
樣的，雖然可能表現各異，但本質是一樣
的。並且隱藏着的肉體更難以對付——不是
因為主不知道，而是因為我們自己欺騙自
己，不願被矯正。

所以，我們也像彼得一樣，在我們的生命中多麼需要主第二次的「看」──他注視着我們，看透我們裏面所有隱藏的東西。我們像彼得一樣，不需要言語，我們知道得太多了，主也已經對我們講過了。最後，像彼得一樣，我們認清是這個「己」在作祟。只有在我們跌落到自己的最低處，我們才會開始厭惡自己。彼得正是這樣作的：他真正地恨自己。他希望再也不靠自己作任何事了。因為他心中有了這新的態度，他在主手中像一塊柔軟的泥土──願意、順從、溫柔。現在主能按祂所喜悅的，將他塑造成形。

總之，我們需要注意，彼得在這一切遭遇上內心的態度。在這個門徒身上有一個顯著的特點，就是他能忍受，也能接受訓練。他不懷疑他的主，不陷於灰心失望，也不起來反抗，他的心卻放在主身上。他的捨棄和他的交託是實的。他緊隨着基督，感恩地接受每一件事。現在他是在主的手中被主塑造、成形。彼得就是這樣學的，雖然有些緩慢、斷續。然而誰又能真正地學得快呢？治死肉體是件難事。但主在逐漸地、穩定地改變彼得。雖然在否認主時，他沉落到他生命的最低處，以後他就在復活的生命中穩步上升，成為一個與夫子相似的門徒。這就是主在這個人生命裏真正要找的東西。

哦，主，你對我們是這樣的恒久忍耐、有愛心、有仁慈。但我們又是那麼急躁、驕傲自大、和不受約束。我們希奇你爲什麼不簡單地搖搖頭，說我們這些人無可救藥了。我們該怎樣感謝讚美你，因爲一旦你抓住了我們，你就永遠也不放過我們。你曾清楚地說過：你永遠不離開我們，也不撇下我們。爲此，我們要怎樣感謝讚美你。

恩主，即使我們不想受你的對付，求你還是對付我們。今天我們與你立約：即使有時候看來我們會軟弱，我們背向你，我們還是要把自己交託給你。主啊，難道你不轉眼望我們一眼嗎？求你細看我們，溶化我們，破碎我們，好叫我們厭惡自己，最後靠近你，緊緊跟隨你。

主，你在你僕人彼得身上所作成的，使我們得到激勵。我們也要和你同行。哦，主啊，幫助我們。奉你寶貴的名祈求。阿們！

3
作門徒的安慰

他們吃完了早飯，耶穌對西門彼得說：
「約翰的兒子西門，你愛我比這些更深麼？」
彼得說：「主啊，是的，你知道我依戀你（譯
註：主所用的「愛」字原文是指神聖的愛，
彼得回答的「愛」字原文是指人間的情愛，
本書依原文，並參考達祕英譯本，譯為「依
戀」，下同）。」耶穌對他說：「你餧養我
的小羊！」耶穌第二次又對他說：「約翰的
兒子西門，你愛我麼？」彼得說：「主啊，
是的，你知道我依戀你。」耶穌說：「你牧
養我的羊！」第三次對他說：「約翰的兒子
西門，你依戀我麼？」彼得因為耶穌第三次
對他說，你依戀我麼？就憂愁，對耶穌說：
「主啊，你是無所不知的，你知道我依戀你。」
耶穌說：「你餧養我的羊！我實實在在的告
訴你，你年少的時候，自己束上帶子，隨意
往來，但年老的時候，你要伸出手來，別人
要把你束上，帶你到不願意去的地方。」耶
穌說這話，是指着彼得要怎樣死榮耀神。說
了這話，就對他說，你跟從我吧！彼得轉過
來，看見耶穌所愛的那門徒跟着，就是在晚
飯的時候，靠着耶穌胸膛，說：「主啊，賣
你的是誰」的那門徒。彼得看見他，就問耶
穌說：「主阿，這人將來如何？」耶穌對他
說：「我若要他等到我來的時候，與你何干！
你跟從我吧！」（約二十一15～22）

最後，我們要講到作門徒的第三點，就是作門徒的安慰：我們如何享受主、生命被主擴展，然後蒙受能力、多結果子歸榮耀於父神。若要用彼得的生平，來說明這一點，最好的方法可能是繼續前面所交通的，就是從彼得在作門徒，與主同行幾年之後的否認主說起。但是，在講下去之前，我需要先說幾句話，直接關係到作門徒的安慰這題目。不然的話，在把它聯繫到作門徒時，可能會被曲解。

×　　　　　×　　　　　×

我們或許會以為，在否認主之前漫長的三年中，作為主耶穌的門徒，彼得從來沒有得到過什麼安慰。若是這樣想，我們就誤解了安慰在與主同行中的地位。我們必須除去一個錯覺，就是認為作基督的門徒完全是痛苦的、悲傷的、艱難的、出代價的等等這一切消極的東西。恐怕提到「耶穌基督的門徒」一詞時，我們大家都會有的立即反應是，這意味着拉長的臉、憂愁的面孔和悲傷的生活。我們的印象不正是這樣？若是這樣，讓我們在這件事上被主糾正。

作門徒不是一件容易的事，這是確實的。作門徒並不意味着諸事順遂、稱心如意，沒有任何問題、沒有任何困難、沒有任何衝突、沒有任何試煉、沒有任何試驗。不

是這樣。作門徒的生活顧名思義是過一個**受管教的**生活。一個門徒的道路,不是個人能爲所欲爲的道路。作門徒的生活要受管教、受訓練,有時候會遭受壓力和緊張,會遇到許多衝突和無數的掙扎。但是,如果作門徒**只不過**是如此,那麼誰還願意作門徒呢?

然而,我們發現,跟從主還有另外的一面,就是受安慰的一面。在作門徒的過程中有安慰。是的,彼得捨棄一切跟從了主,但是能與主在一起,不但補償了他所捨棄的人、東西和各種關係,而且還是超額的補償。

在那些年間,他和耶穌在一起,主是他經常的伴侶、夫子和朋友。彼得能夠向祂敞開自己的心,祂也能理解。每當彼得需要的時候,他就向主求,主就供應他所需要的。想到那些年間,他和主經常在一起的親密無間的生活,作爲門徒所得到的福分、滿足、和喜樂,簡直是無法形容的。他分享主的卑微,也分享主的榮耀。即使有時候彼得受到他的主非常嚴厲的斥責,我們發現,其他時候,這位主把彼得當作祂的知己。有時候,主作一些比較特別的事情時,只容許三個門徒和他在一起,而彼得總是被包括在內。

例如,當主叫睚魯的女兒從死裡復活時,就只有彼得和其他兩個門徒單獨和祂在一起。在變化山上的那重大事件中,彼得也

榮幸地和祂在一起。即使在客西馬尼園那可
怕的個人痛苦中，主也將彼得當知己，帶他
在身邊。不管我們的主是怎樣了解這個彼
得，祂還是對他敞開心懷！我們的主既然知
道彼得不是十全十美，祂又怎能對這人敞開
祂自己呢？怎能把這個人當作祂的知己呢？
祂怎能從這個人身上得到安慰呢？然而祂確
實是這樣作了。雖然主知道彼得，祂還是對
他敞開自己，把他叫來，與他一同分享祂的
心意和經歷。三年之內他們不僅**在一起**，我
們的主在那段日子裡，從來沒有離開過彼
得。祂經常關心他，不管這個門徒是否回
應，祂對他的態度絲毫沒有改變。這就是安
慰，這就是喜樂。並且，在這段時間裡，我
們的主差遣彼得和別人一同出去。耶穌給他
們權柄醫病、趕鬼、對貧窮人傳福音。請注
意，他們的工作十分成功。所以，可以說在
那些年中，彼得非常享受了他的主。

　　我們又怎樣知道的呢？因為主告訴彼得
和其他門徒，祂不久就要離開他們時，他們
是何等的憂愁（約十六 6 ，22）。這不是告
訴我們，他們是何等享受祂嗎？如果你不喜
歡和某人在一起，這人宣佈他要離開時，你
會對自己說——謝謝神！他終於要離開了。
但彼得和其他門徒在這裡的反應並不是如
此。我們看到他們內心真的非常憂愁。從這
裡我們知道，他們是多麼珍惜主的同在。我

們可以覺察到耶穌對他們是何等的重要：祂
是他們的一切。在他們的生活中，再也沒有
一個人比主更重要。如果祂走了，一切就都
完了，什麼都沒有了。他們為要得着基督，
已經捨棄一切，那時基督對他們是比什麼都
重要。因此基督若離開，他們的生活將變得
空虛荒涼。這就是主，這就是我們主寶貴之
處。

　　所以我們能肯定地說，在那三年中彼得
享受着主。如果有人和主在一起這麼久，他
一定會有長進。你和祂在一起，就不能沒有
長進。當然，他也有高潮的時候，也有低潮
的時候。生命就是這樣。但總括來看，彼得
仍是有進步的。不管作了幾年門徒，最後他
跌得多麼深（不可否認，他的確是跌得很
深），我們仍能看到他的生命和知識在主裡
面日益增長。這幾年是彼得生命的成形期，
其中有失敗，也有長進。中國有一句格言：
「不經一事，不長一智」。如果孩子從來不
跌跤，他就不會長大。他跌得越多，就長得
越快。這就是這個門徒的道路。他在跌倒中
成長。在他跌到最低點時，靠着神的恩典，
他成長得最快。

　　　　　×　　　　　×　　　　　×

　　因此容我強調以前說過的：就是彼得在
這段時期的經歷不全是痛苦、憂傷、和受矯

正；也不是只有在作門徒畢業後他才開始享受主，生命才得到擴展。不是這樣的。作門徒和得安慰這兩件事，在任何一個作基督門徒者的經歷中，都是同時存在的。我們在作門徒的學校中長進時，也在得安慰中進步。後者是前者的結果。越多跟從主，就越多受教導、受訓練，也就更享受祂，生命更擴大，更多結果子。相反的，如果你只是遠遠地跟從主，你也就只能遠遠地享受祂，不能有多少長進。你可能枝葉茂盛，所結的果子卻**稀少**。但如果你像彼得那樣緊緊地跟從主，並容許祂用祂那巧妙熟練的手來工作，那麼這隻破碎你的手，你也會願意用嘴來親它。因為你享受它，且因它而得以擴大。藉着這過程，你也會像第一位門徒那樣，變得更像夫子，從你裡面必定會彰顯出主的靈所結出的果子。這就是作門徒的安慰。在彼得生平中，特別在他那次慘重失敗之後，再度被神舉起、恢復之際，這一點就變得非常清楚。所以為要幫助我們了解作門徒得安慰的意義，我們要把注意力集中到彼得自己經歷的後期。為此，我們需要讀約翰福音第二十一章十五至二十二節，因為這段經文中的情景能使我們更深刻地理解到什麼是經歷作門徒結果子的基礎。

×　　　　×　　　　×

正如我們前面所看到的，彼得的自信完全崩潰了。他三次不認他的主。為此，耶穌轉過身來，看着院子中的彼得。我相信，在這關鍵時刻，彼得可能正想溜走，而主卻遠遠地在內院（雖然祂自己正在被指控和受審問，祂沒有忘記彼得），轉過身來，遠遠的，但仔細地看着他。因為彼得的臉仍向着主（為此我們要感謝神），這位門徒看見並發覺了主看着他的眼光，他就出去，痛哭了。

那是彼得的盡頭。他現在還有什麼呢？沒有，他是完了。他已經降低到了零點。他原被大家視為最高的，在這三年中，他自己也一直努力保持第一的地位。但是現在他落到什麼地步？他跌落到最低處。他甚至不能確定主會不會饒恕他。這是他現在所懼怕的。他出去，他懊悔。但是恐怕在他的心中仍然潛伏着疑惑。雖然他可以離開耶路撒冷回加利利，忘掉一切，但他沒有這樣作。他還是逗留在耶路撒冷。不知怎樣，他沒有離開。希奇嗎？主被釘十字架了，主被埋葬了，但是彼得總不能下定決心離開。他想，也許在神無限的憐憫中，他還有點希望，所以他逗留在耶路撒冷。

可能在這時候，惟一和彼得留在一起共渡這危機的是約翰。假若他能的話，或許他想安慰彼得。但我不信約翰**能夠**安慰他，因

爲這不是安慰得了的事。不過，約翰還是和他在一起。

這是我們要學的一個功課。往往一個主內弟兄或是姊妹遭遇困難時，你可能沒有能力來安慰或幫助他解決問題，但是如果你能和這個弟兄或姊妹在一起，守在他身邊，這就是幫助。約翰正是這樣作。他不能幫助這位弟兄，但他還是和他在一起。彼得在黑暗中有三天之久。他失去了自信。他不知道自己現在在那裡，也不知道要往何處去，他的將來如何，他根本不知道。總之，他是一個迷失的靈魂，在疑惑的海洋中漂浮。

× × ×

主復活的那一天，一個婦女來報告說，有人把主的身體挪去了（約二十2）。聽到這消息，彼得（也許年紀較大）立刻奔向墳墓。約翰也跑着，他年輕些，趕過了彼得。他們到了墳墓。約翰猶豫着，彼得卻衝了進去。墳墓確實是空的。包裹主的細麻布還放在那裡，頭巾整齊地捲在另一邊，但身體不見了（約二十4以下）。他回到自己的住處，對所發生的事百思莫解。

主是眞的從死裡復活了嗎？彼得想，若是這樣，我怎麼辦？祂會接納我，還是拒絕我？我要怎樣面對祂？彼得必定很焦慮。然後又有幾個婦女來報告，主的天使告訴他們

說：「你們可以去告訴我的門徒和彼得說，我要到加利利去。在那裡你們要看見我」（參閱可十六 7）。這短短的幾個字——「和彼得」——給這憂鬱的門徒靈裡一個鼓舞，一線希望：「主終究沒有忘記我；祂還記得，祂還要我。」之後，還是在復活的那一天——耶穌終於單獨向彼得顯現（路二十四 34，林前十五 5）。聖經沒有告訴我們那一天他們之間發生了什麼。這一時刻太神聖了，不是文字能記錄下來的。彼得必定在主面前痛哭。總之，他的地位被恢復了。過了些時日，主又一次在提比哩亞海邊向祂的門徒顯現。在那裡，主當着他伙伴的面，完全恢復了這位曾經跌倒過的門徒的地位。這是多麼感人、美麗、充滿了恩典！

× × ×

我覺得在繼續講下去以前，必須先講一些關於彼得與主釘十字架的事。當主走向十字架，被釘在上面時，從眞實的角度看，彼得經歷了與祂同死，並且與祂一同復活。這不是肉身方面，而是屬靈方面的。在肉身方面，十字架把彼得和主分開了；但靈性方面他是與主的死聯合了。因着祂的死，我們就可以與祂同死。我想從屬靈方面看，這就是門徒彼得的經歷。當主在十字架上傾倒祂的魂生命時，彼得的魂生命也被傾倒了。

從彼得的痛哭中，我們看到這個門徒經歷了死亡劇烈而深沉的痛苦。他完了，陷入了絕境，徹底垮台了。自從他跌落到最低處，他的自信完全崩潰，他跌得不能再低了。就彼得自己的魂而言，他是死的。這豈不是髑髏地的真正屬靈意義嗎？基督的十字架不是意味着將魂傾倒而出嗎？祂豈不是為此替我們眾人在十字架上死了嗎？因為祂死，我們也都死了。彼得真正到了他自己的末路。名為西門的舊彼得現在已經死了。若有一個開始的話，這必然是在基督裡的開始。西門彼得是完了、死了、結束了，但現在又有了一個新的起點，復活的奇妙工作開始了。正如我們前面說過的，在基督復活那一天，主傳話給祂的門徒，並且特別提到彼得。這必定會讓他那焦慮的心大受感動。接着，就在同一天，主單獨向他顯現，向他保證祂的愛。還有，主又在彼得的全體伙伴面前，提升他。復活的主正在將這門徒從死裡復活起來。

因此，我覺得主開始恢復這門徒的地位時，祂所復活的是一個全然不同的人。舊的彼得死了，與基督同死，同釘十字架。但從死亡裡出來的彼得，是一個嶄新的彼得，建立在復活的根基之上。復活的根基乃是我們的主基督。

以這個作爲背景，讓我們更進一步看前
面已經提到的約翰福音第二十一章中的情
景。那天拂曉之際，主來到門徒中間。祂爲
他們預備了早餐。他們吃了以後，祂開始在
大家面前對彼得說話。「約翰的兒子西門，
你愛我比這些更深嗎？你愛我比這火更多
嗎？還記得這火嗎？我在受審判的時候，你
正在烤火取暖。我在寒冷中，你卻是暖和
的。你愛我比這裡的魚和餅更多嗎？你愛我
比船和網更多嗎？你愛我比愛你的伙伴更多
嗎？你愛我比愛你自己更多嗎？」西門回答
說：「主啊。你知道我依戀你。」耶穌第二
次再問：「你愛我嗎？」彼得回答說：「主
啊。你知道我依戀你。」祂第三次仍問他：
「約翰的兒子西門，你依戀我嗎？」現在西
門非常憂愁，所以他說：「主啊。你知道我
是依戀你的。」

我不想詳盡地解釋這段經文。若是可
能，我只願意幫助你們來體會主這樣不斷質
問的目的。我相信你們會了解，耶穌的目的
是試圖與彼得建立一個正確而牢固的關係。
從此之後，這門徒和他夫子之間的關係，完
全是根植於純粹的愛——在彼得的估價中是
那麼微弱，但是在基督的眼中卻是那樣的眞
實。夫子和門徒間的關係必須立足於愛的上
面。

可是，這樣的愛很少一開始就出現。起

初，門徒向着他夫子的心可能是一顆懼怕的
心，或尊敬的心，或者甚至是羨慕的心，但
不是以愛作結聯。兩者之間初期的聯繫是門
徒試圖從他夫子身上盡可能地汲取一切。他
竭盡全力從夫子那裡學習，使自己可以成爲
夫子。這是多麼自私的目的。但是在這裡，
萬有的主和夫子試圖把與這門徒（彼得）的
關係，建立在一個眞實而堅固的基礎，就是
「愛」的上面。

×   ×   ×

什麼是「愛」。彼得以前愛夫子嗎？是
的，他愛。但他的愛是天然的。這是一個從
他自己裡面發出來的愛。彼得自信和自恃地
說：「我愛你。我願意爲你死！」但時候眞
的到了，他才發現他愛自己太多，以致不能
愛夫子了。他應當否認自己，但結果卻否認
錯了人──他否認了他的主。因此，在他那
慘痛的失敗中，西門彼得天然的愛崩潰了。
他總算看清了他對夫子的愛的眞相。這是經
過考驗證實無疑的。他今天才知道他愛自己
太多，所以不能愛夫子。最後他認清在他裡
面實際上沒有愛。當耶穌說：「約翰的兒子
西門，你愛我比這些更多嗎？你眞的愛我多
於火嗎？」西門想：「多麼可笑。要愛主比
愛火多？火算得了什麼？」

很明顯的，彼得不敢把它說出來，因爲

他最近的失敗告訴了他，並向世界證明，他愛火甚於愛主。因此，彼得只能回答說：「主啊，你知道。我對自己的認識並不如你對我的認識多。我對自己已經完全失去了信心。我不再像以前那樣地相信自己。主，你知道，我是依戀你的。但我不能再用另一個字——愛。是的，我對你有一種感覺，我真正需要你，但我不能說這是愛。我只能說我感覺在我裡面有東西使我傾向你，把我繫在你身上，我不能離開你。不知怎麼的，我依戀你，我不能擺脫我對你的依戀。這是我惟一所知道的事。我必須承認**那是**出於你的力量，不是出於我。是你吸引着我。你用慈繩愛索捆綁着我，使我不能走開。現在一切都在你的基礎上，不再是靠我。不是我知道什麼，是你知道。你知道我，比我自己更好更深。你的認識是真正的、實在的。你知道你已經捉住了我。你已經捆綁了我，我不能逃脫。這一切你都知道。」

在這裡好像彼得完全沒有愛。但實際上，在他裡面新建立的保留態度是主所期待的。這門徒裡面的感覺，目前非常微弱，然而，在夫子心中是極寶貴的。

不要自誇，說你對主有很多偉大的愛。有一天你將看見在你裡面沒有愛，每件東西都必須從祂而來。即使是你向着主的一點點依戀，也是**祂的**慈繩愛索的吸引，使你不能

離開。

×   ×   ×

讓我們明白，主不要求你我對祂有很大的愛。事實上這樣的愛只能是勉強製造出來的。你不要去造它。是的，你可以在感情上創造出「愛」，但感情是一直在改變的。不，主所要求你的是：你有沒有感受到，在你的頸項上有愛的繩索？你是否感覺自己依戀祂？你體會到祂捉住了你，你不能離開嗎？然後你要知道，這都是出於祂。祂吸引你，祂托住你。祂知道你的眞實光景。

只要今天你能有這一點點的愛，那麼，夫子和你（門徒）中間的關係基礎就已經奠定了。記住，夫子和門徒之間的聯結只能建立在純潔的愛上面。有了這純潔的愛，就可以擁有何等的安慰、交通和享受！你享受祂的同在，祂也享受你的同在。你高興地看着祂的臉，祂也高興地看着你的臉。這眞是何等大的享受啊！

×   ×   ×

但是，接下去主對彼得說了一個「餵」字：餵養我的小羊，牧養我的羊，餵養我的羊。換句話說，夫子和門徒之間建立了純潔的愛之後，在彼此的交通中，必然會有生命的擴大和長進。正如使徒保羅所說：「我們

眾人既然敞着臉，得以看見主的榮光，好像從鏡子裡返照，就變成主的形狀，榮上加榮，如同從主的靈變成的」（林後三18）。你們倆——夫子和門徒——享受對方的同時，夫子的臉會很自然地反映在你的臉上。你裡面開始有了屬靈的變化，你的外表看起來逐漸像祂。你的形像越來越消滅，祂在你裡面越來越增加。夫子在你裡面成形的時候，祂的心意必然會成為你的使命，那就是，「餵養我的小羊。」

正如我們已經說過，作門徒的目的是要事奉，目的是要進入服事。回想一下，我們開始研究彼得生平時，我們看到主曾對他說：「來跟從我，我要叫你得人如得魚一樣。」不過，這裡主是說：「餵養我的小羊。」彼得的事奉主有雙重的意義——他不僅要撒網，領許多人進神的國，他也要關心神的羊羣。漁夫和牧人有很大的差別。漁夫可以是一個十分粗魯、嚴厲、殘忍的人。或許因為我不打魚，我常想像「漁夫」是一個殘忍的名詞。我看魚鈎，只能看到它的銳利和彎曲。對可憐的小魚是多麼粗魯殘忍。但牧人卻不相同。如果你對一隻小羊太粗魯，它會死去。從漁夫到牧人——這是一個多麼大的改變！

　　彼得的生命無疑地被改變了。根據使徒行傳和彼得自己的書信中所寫的,我們發現這變化顯明在我們面前,並且徹底成就了。我們看到在事奉方面,這個門徒捕了許多魚,又牧養了羊羣。彼得是多麼有力地向世界打開了天國的門:五旬節有三千人得救,以後又帶進了五千人;通過他,福音又向外邦人傳開。無論彼得到那裡,他都結滿果子。他不但堅固了耶路撒冷的教會,我們從他的書信中看到,他也堅固了在外邦人中的教會。最後,他將要成為新耶路撒冷城的根基之一。

　　我們也要注意彼得個人性格的變化。使徒行傳中所見的彼得,只是我們在福音書末了所見到的彼得的發展或擴大。他現在能夠很耐心地與其他一百二十位門徒逗留在樓房禱告禁食十天。他不再像以前那樣,急躁地說:「我打魚去」(約二十一3)。他得到神話語的啓示,所以他對聖經的認識和理解達到了最高的地步。因為他被聖靈充滿,他的生命與主如此相親,因此他成了基督的代言人和解釋者。彼得也有勇氣對公會演講。這公會有權審判他、殺死他。他們曾用這權柄審判了他的夫子,並殺害祂。「他們見彼得、約翰的膽量,又看出他們原是沒有學問的小民,就希奇,認明他們是跟過耶穌的」(徒四13)。在可能被殺害的前夕,雖然有

兩個兵丁用鐵鍊和他鎖在一起，他卻能夠無憂無慮地安睡。他的心是多麼平安！因為今天他信靠交託神。他也掙脫了傳統習俗的束縛。這可以從他到外邦人哥尼流的家看出來。他能代表聖靈的引導，在耶路撒冷舉行的教會會議中證實真理。雖然有時候彼得失敗，但他是那樣謙卑。在安提阿，他不但能接受比他年輕得多的保羅當面嚴峻的指責，更進一步在他自己的書信中，稱讚和推薦保羅，坦白承認保羅滿有恩惠的恩賜。這個門徒是盡忠到底的。這真是一個與主同在的生命。這真是一個為主結實纍纍的生命。

× × ×

約翰福音第二十一章的這個事件，還有另外一點值得我們注意。在這段經文中，主對彼得說了如下的話：「你年少的時候，自己束上帶子，隨意往來，但年老的時候，你要伸出手來，別人要把你束上，帶你到不願意去的地方。」耶穌說這話，是指著彼得要怎樣死榮耀神。一個門徒的生命是殉道者的生命。殉道者的生命是指個人不為自己活，而為別人、為神而活。不管你與神同行最後的結局是被害、被殺戮、被釘十字架、或其它，都在所不顧。（順便一提，按傳說，彼得被暴君尼祿釘死在十字架。當他們要釘他十字架時，他對他們說：「我不配像我的主

那樣地被釘十字架。將我倒釘在十字架上吧。」）重點不在這裡,而是在於作門徒的一生是殉道者為別人而活的一生。從此以後,西門彼得不再為他自己活,而是為主活。他越變越像主。別人開始從他身上看到了主自己。別人開始從你的表情,你的行為,你與別人的關係中看到主,**那**就是作門徒。只有從一個人的生命中能看到或聽到主,才能說這個門徒已經真正地學到一點東西了。

×   ×   ×

主對彼得說了這一切以後,最後又對他說:「來跟從我!」什麼?又一次跟從主?這麼多年來我不是已經跟從你了?難道我現在還不能畢業?難道我今天不能憑我自己的資格作一個夫子嗎?

是的,在某種意義上說,如果你緊緊地跟從了主幾年,你應該成為某些人的小夫子。但是這並不是說,你自己已經沒有別的東西可學了。你永遠不要覺得,自己已經達到某一個水平,不需要跟從夫子,且可以要求別人來跟從你。只有你跟從夫子,他們才能跟從你。主仍然在呼召你。祂仍繼續在召喚:「跟從我!」為什麼?因為學我們的主是永遠學不完的。祂的智慧、祂的權能、祂道德上的榮耀、祂的性格、祂的一切,真正

是取之不盡的。哦，我們的夫子基督是何等
的奇妙豐富！若要學習祂的一切，我們要學
到永永遠遠。因此，呼召一次又一次地來
到，「跟從我！」經過了那些年與主親密的
交往，夫子的話仍臨到彼得這個門徒：「跟
從我！」你也還在跟從主嗎？永遠跟隨的門
徒才是真的門徒。

　　但是，請看這時刻彼得作了什麼？他開
始跟從主時，看到另一個人，他的好朋友約
翰，也在跟從。舊彼得的好奇心和性格又一
次顯出來了：「主啊，這人將來如何？你告
訴我，我必須跟從你到死。這點你已經說清
楚了。那麼，他呢？他也要死嗎？」我們從
這裡清楚看到，彼得還不是完全的。請聽主
怎樣回答他：「我若要他等到我來的時候，
與你何干。」

　　彼得原以為如果主要**他**跟從直到死，那
麼別人跟從主也應該要死。他以為，若不這
樣，那是不公平的。夫子怎能要我跟從祂到
死，而讓我的朋友約翰活着直等到祂來呢？
那太過分了，太便宜了約翰。然而主說：
「這與你何干？你跟從我吧。你只管跟從我，
不要管別人的事。」

　　　　　×　　　　×　　　　×

　　在這裡我要給你們一個簡短的警告──
如果主摸到你的心，你感到非答應祂的呼召

不行，也願意一路跟祂走到底。靠着祂的恩典，祂呼召你跟從祂**到底**，很可能就是到死。但要小心。你可能會受到試探，環顧四周而說：「我的朋友將如何？」如果我跟從主到死，而他卻那麼輕鬆，不要受苦，我不是太笨了嗎？我要像他那樣地作門徒。

容我告訴你，請不要看周圍。是的，別人可以，你卻不能。如果主的旨意是要別人走舒適安逸的道路來跟從祂，對於你，祂的旨意卻是要過一個艱苦困難的生活，這是祂的事，不是你的。不要受試探。這種想法能成為你在基督裡長進的真正障礙。不，不能那樣思想和考慮。你應當聽從主所說的。祂宣告說：「這與你何干？你跟從我吧！」

因此，主對祂的跟從者最後、也是永不停止的交待，就是一再強調作門徒的呼召：**來跟從我！**

哦，親愛的主，我們何等讚美你、感謝你，因為你不是一位苛刻的夫子，你是一位滿有愛心的夫子。你是愛的海洋，我們要淹沒在你慈愛的大海裡。我們要怎樣讚美感謝你，因為你已經用你的榮耀、你的愛吸引我們。你把愛放在我們心裡，我們與你相聯結，我們十分願意和你有這樣的聯結。哦，主，與你在一起，我們得到滿足。向你學

習，我們感到喜樂。你的軛是容易的，你的擔子是輕省的——因為你已經愛我們，並且把這愛種在我們心裡。

我們讚美你，因為你沒有撇棄我們，卻用你釘痕的手握住我們，把我們塑造成形，成為你的榮耀。我們感謝你，主，因你已經一路引領我們到現在，我們相信你將帶領我們到底。因為我們知道我們所信的是誰，並深信你是能夠保守我們所交託你的，直到那日。

主啊！現在我們在你手中。我們求你在我們中間成就你的旨意。我們求你使我們聖潔。我們求你使我們受你聖靈的改變，基督可以在我們身上被看見、被聽見，許多人可以因此被帶到你面前，並且你的教會可以得着建立，得着幫助。哦，夫子，願我們不要像那些人，一直試着找一條容易的出路。我們要仰望你，永遠不去留心別人，永遠跟從你。

所以主啊，我們不信任自己，只信任你。你是我們的夫子，我們要完完全全地把自己交託給你。我們要讚美你、感謝你，知道你永不失敗。你要使萬物完全，成為你的榮耀。我們奉你寶貴的名祈求。阿們！